Sonnys Geschichte

Von Ausgrenzung und Eintracht

Von Ausgrenzung und Eintracht

Sonnys Geschichte

Matthias Thoma

EINTRACHT
FRANKFURT
MUSEUM

Ein herzliches Dankeschön geht an Andreas Eder und Dr. Stefan Hauck für das kritische Gegenlesen des vorliegenden Texts. Auch Dr. Ulrich Eisenbach, Axel „Beve“ Hoffmann, Hans Kasprzyk, Dr. Martin Liepach, Florian Paulus, Helga Roos, Ron Ulrich und Michael Wiener haben mir wertvolle Tipps und Hinweise gegeben. Tobias Picard und Claudia Schüssler vom Institut für Stadtgeschichte haben mich bei der Recherche nach Bildern unterstützt. Die Informationen zur Flughafenfeuerwehr haben Markus Grossbach und Annette Schmidt vom Archiv der Fraport AG organisiert.

Dank auch an Volker Mahnkopp für viele Informationen zum Frankfurter Kinderhaus der Weiblichen Fürsorge e.V. Heike Drummer und Valentino Massoglio vom Jüdischen Museum in Frankfurt konnten viele Fachfragen beantworten, ebenso die Mitarbeiter des Hessischen Hauptstaatsarchivs in Wiesbaden. Dem Jungen Museum, der Shoah Foundation und dem Hessischen Rundfunk danke ich für die Überlassung von Filmmaterial.

Ein ganz großes Dankeschön gilt der Familie von Helmut, die mich beim Zusammentragen der Informationen unterstützt hat. Zuletzt danke ich der Eintracht, die die Arbeit des Museums seit vielen Jahren fördert.

Impressum

Matthias Thoma
Sonnys Geschichte
Von Ausgrenzung und Eintracht

ISBN:978-3-96320-076-2

Henrich Editionen, Frankfurt am Main

1. Auflage 2023

Herausgeber: Eintracht Frankfurt Museum GmbH, Frankfurt am Main

Bildnachweis: S. 13 Diözesanarchiv Limburg; S. 16, S. 50, S. 71, S. 137 Lilo Günzler; S. 20, S. 32, S. 35, S. 84, S. 87, S. 95, S. 109, S. 112, S. 115, S. 118, S. 119, S. 121, S. 127, S. 133, S. 144, S. 145, S. 157, S. 163, S. 176, S. 184 Vereinsarchiv Eintracht Frankfurt; S. 23 Fotoarchiv Yad Vashem; S. 28 Historisches Museum Frankfurt; S. 39, S. 45, S. 74 Institut für Stadtgeschichte; S. 49 Jüdisches Museum Frankfurt; S. 54, S. 66, S. 78 Hessisches Hauptstaatsarchiv; S. 58, S. 61, S. 154 Axel Hoffmann; S. 92 Archiv Fraport AG; S. 99, S. 101, S. 193 Suzanne Schnell; S. 141 Anja Feix; S. 149 Steffen Ewald; Titel, S. 170, S. 195 Patrick Liste; S. 179 ZDF/Lehmann.

Gestaltung und Layout: grübelfabrik e.K., Frankfurt am Main

Lektorat: Ingrid Walther und Florian Paulus

Druck: ScandinavianBook, Neustadt a. d. Aisch

HENRICH EDITIONEN, Frankfurt am Main www.henrich-editionen.de

Inhalt

Aufstellung

Wenn Sonny von der Eintracht erzählte, zog er die Fans in seinen Bann. Und wenn er über die Verfolgung durch die Nazis sprach, wurde es im Publikum ganz still.
Jetzt ging es nicht mehr um die Meisterschaft, um Glasgow 1960 oder den Abstieg 1996. Sonny erinnerte sich an die Angriffe durch die Hitlerjugend und an die Zeit im Waisenhaus. Er trauerte seiner versäumten Kindheit und der fehlenden Schulbildung nach, die ihm später viele berufliche Möglichkeiten raubte. Sonny gehörte zu den Ausgestoßenen eines verbrecherischen Regimes, denen keine Bildung mehr zukommen sollte. Wozu auch? Er war von den Nazis zur Vernichtung bestimmt.
Wenn Sonny lossprudelte, beeindruckte er die Menschen. Das war so, wenn er über 1959 sprach, als er Alfred Pfaff nach dem Gewinn der Süddeutschen Meisterschaft in Mannheim vom Platz trug. Oder wenn er von der Reise zum Endspiel nach Berlin im VW-Käfer erzählte, als die Vopos ihre Maschinengewehre zückten. Das war auch so, wenn er darüber redete, wie ihm mitgeteilt wurde, dass er gar kein Christ sei, sondern Jude. Jude? Mit dem Begriff wusste Sonny im November 1938 nichts anzufangen. Doch nach der Pogromnacht bekam er, der gerade mal sieben Jahre alt war, bitterlich zu spüren, was es heißt, ausgegrenzt und entrechtet zu werden.
Lange hatte Sonny nach dem Krieg aus Angst geschwiegen, das bestätigte er immer wieder. Er freute sich, dass er in Frankfurt als Eintrachtler erkannt wurde und anerkannt war. Durch seine Eintracht-Devotionalien und sein lautstarkes Auftreten zog er die Kameras auf sich. Bilder von Sonny als Eintracht-Fan findet man seit den 1950er Jahren regelmäßig in den Tageszeitungen. Als Holocaust-Überlebender wollte er nicht erkannt werden. Sonny hatte bis ins hohe Alter Angst vor Antisemitismus und Ausgrenzung.
„Du bist mein Manager", hat Sonny mir immer gesagt, nachdem er endlich begonnen hatte, über die Demütigungen und seine Ängste während der Zeit der Verfolgung zu sprechen. Wir kannten uns bereits seit vielen Jahren über die Arbeit im Vereinsarchiv am Riederwald, in dem er häufig zu Gast war. Und er wusste, dass ich mich bereits intensiv mit dem Vereinsleben im Nationalsozialismus beschäftigt hatte. Seine vielen Termine wurden in den vergangenen Jahren im Eintracht-Museum bei Kreppeln und

Kaffee koordiniert. Und es wurden immer mehr Termine. Sonny, für den die Verfolgung so lange Zeit kein öffentliches Thema war, legte ein beeindruckendes Tempo an den Tag. Alle zwei Wochen war er zu Gast in einer Schule, im Eintracht-Museum oder bei anderen Veranstaltungen. Er führte Interviews für Filmproduktionen, stand Schülerzeitungen als Zeitzeuge zur Verfügung und arbeitete mit Journalisten. Sonny wurde zu einem leidenschaftlichen Verteidiger demokratischer Werte, zu einem Kämpfer gegen Ausgrenzung und rechtes Gedankengut. Seine Prominenz hat er stets genossen und genutzt, er freute sich, wenn Menschen ihn ansprachen und ermunterten, seine Geschichte weiterzuerzählen. Als echter Frankfurter hätte er sich sicher sehr darüber gefreut, dass der Weihnachtsbaum auf dem Römerberg 2023 nach ihm benannt wurde.
Die Idee, sein Leben in einem Buch niederzuschreiben, entstand schon vor vielen Jahren und war Sonny eine Herzensangelegenheit. Immer wieder haben wir darüber gesprochen, was in diesem Buch alles berücksichtigt werden müsse. Gerne hätte ich das vorliegende Werk gemeinsam mit Sonny fertiggestellt. Ich hoffe aber, dass die folgenden Seiten auch ohne Sonnys finale Freigabe in seinem Sinne sind.

Matthias Thoma

Frankfurter Bürgerbräu
Rosen – Eck

Erste Halbzeit

Kindheit in der Altstadt

Als Helmut Sonneberg 1931 zur Welt kommt, hat Frankfurt am Main fast 540.000 Einwohner. In der Stadt gibt es 8.115 Autos, 2.300 LKWs und 6.184 Krafträder. In Helmuts Geburtsjahr wird das IG-Farben-Haus fertiggestellt, welches nach den Entwürfen von Hans Poelzig geschaffen wurde. Die NSDAP begeht ihren Gautag in Frankfurt, die Eröffnung findet mit einer Kundgebung in der Festhalle statt, auf der Joseph Goebbels und Hermann Göring sprechen. Beim Frankfurter Stadion, das bereits sechs Jahre vorher eingeweiht wurde, entsteht 1931 ein Minigolfplatz. Grund zur Freude gibt es im November 1931 in ganz Frankfurt, denn der neue Goetheturm wird an die Öffentlichkeit übergeben, er ersetzt den 1920 abgerissenen alten Turm.[1] Die Eintracht, beheimatet am Sportplatz am Riederwald, hat 1931 einmal mehr die Endrunde um die Deutsche Meisterschaft erreicht. Doch der große Coup bleibt aus. Die Mannschaft, deren Star der Nationalspieler Rudolf Gramlich ist, scheitert im Viertelfinale am Hamburger SV. Die sieben Endrundenspiele im Stadion werden von durchschnittlich 15.428 Zuschauern besucht, der Besucherschnitt bei den Ligaspielen liegt bei 7.571 Fans pro Partie. Nachdem der FSV Frankfurt Mitte der 1920er Jahre die Vormachtstellung im Frankfurter Fußball innehatte, hat die Eintracht den Lokalrivalen mittlerweile überholt. Mit mehr als 2.500 Mitgliedern sind die „Riederwälder" der größte Sportverein in Frankfurt.[2]

Am 4. Juni 1931 morgens um 8 Uhr wird Helmut „Sonny" Sonneberg im Krankenhaus Sachsenhausen in Frankfurt am Main geboren. Seine Mutter Recha, geboren am 4. September 1898, stammt aus einem strenggläubigen jüdischen Elternhaus in Somborn im heutigen Main-Kinzig-Kreis. Die Familie Sonneberg war kinderreich, Recha hatte acht Geschwister, von denen drei bereits im Kleinkindalter starben. 1901 starb Rechas Mutter Johanna, ein Jahr später heiratete ihr Vater, der Kurzwarenhändler Josef Sonneberg, ein zweites Mal, seine Ehefrau wurde die Köchin Ester Löwenstein. Die Familie lebte in der Freigerichter Straße 28 in Somborn.[3] Nachdem auch die Stiefmutter Ester verstarb, ging Recha nach Frankfurt. Als Dienstmädchen arbeitete sie in verschiedenen Haushalten. 1930 ist sie bei einer wohlhabenden jüdischen Familie in der Friedberger Anlage angestellt. Dort hat sie unter dem Dach ein kleines

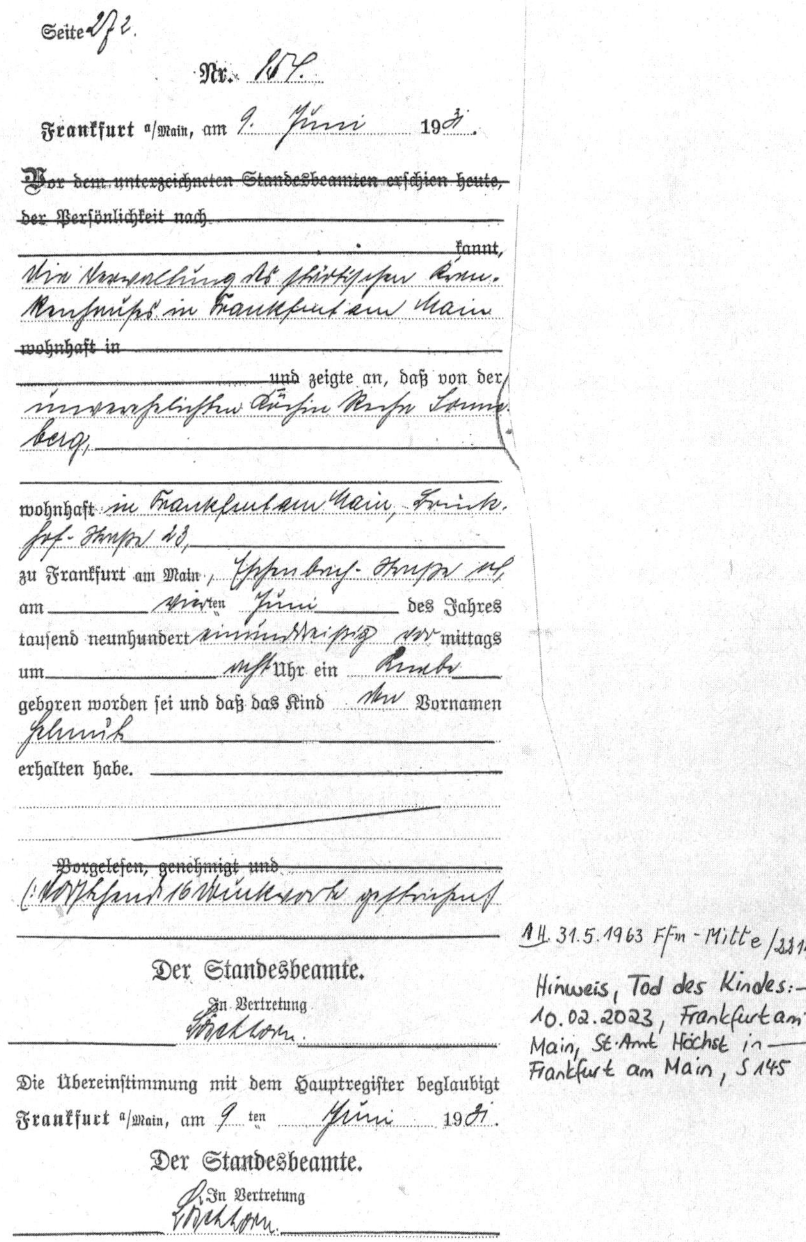
Seite 252.

Nr. 854.

Frankfurt a/Main, am 9. Juni 1931.

~~Vor dem unterzeichneten Standesbeamten erschien heute, der Persönlichkeit nach~~ ~~kannt,~~

die Verwaltung des städtischen Krankenhauses in Frankfurt am Main

~~wohnhaft in~~

und zeigte an, daß von der unverehelichten [illegible] Sonnenberg,

wohnhaft in Frankfurt am Main, [illegible]-Straße 23,

zu Frankfurt am Main, [illegible]-Straße 41,

am vierten Juni des Jahres tausend neunhundert einunddreißig vormittags

um acht Uhr ein Knabe

geboren worden sei und daß das Kind den Vornamen Helmut

erhalten habe.

~~Vorgelesen, genehmigt und~~

(: Durchstrichen 16 Druckworte gestrichen)

Der Standesbeamte.

In Vertretung

[illegible]

Die Übereinstimmung mit dem Hauptregister beglaubigt

Frankfurt a/Main, am 9ten Juni 1931.

Der Standesbeamte.

In Vertretung

[illegible]

AH. 31.5.1963 Ffm-Mitte/2214

Hinweis, Tod des Kindes: 10.02.2023, Frankfurt am Main, St. Amt Höchst in Frankfurt am Main, S 145

Auf der Geburtsurkunde von Helmut, die am 9. Juni 1931 ausgestellt wurde, ist kein Vater angegeben.

Zimmer. Am 4. September 1930 arbeitet ein Monteur im Haus in der Friedberger Anlage. Es ist der Geburtstag von Recha. Sonny hat das in seiner unnachahmlichen Art immer schön beschrieben: „Und da hat er zu ihr gesagt: ‚Mädchen, du hast heute Geburtstag. Ich lade dich heute Abend zum Essen ein.' Und da hat er sie zum Essen eingeladen, und danach gab es, neudeutsch gesagt, einen ‚One-Night-Stand'. Und daraus bin ich entstanden. Genau neun Monate später, am 4. Juni 1931, bin ich geboren worden."[4] Mutter Recha berichtet in der Familie, dass der Monteur, mit dem sie die Liaison hatte, Jude war.

Bereits vor der Geburt von Helmut kann die schwangere Recha nicht länger in der Friedberger Anlage arbeiten, sie zieht in ein kleines Zimmer nahe der Fahrgasse. In der Nachbarschaft wohnt Fritz Wessinger, der seinen Lebensunterhalt als Tagelöhner verdient. Fritz ist Jahrgang 1893 und damit fünf Jahre älter als Recha. Die beiden freunden sich an und werden schnell ein Paar. Fritz nennt seine Freundin stets „Ria", dass sie schwanger ist, stört ihn nicht. Fritz freut sich auf den Nachwuchs und kümmert sich nach der Geburt fürsorglich um den neugeborenen Helmut. Er verspricht, für ihn zu sorgen, als wäre er sein Sohn. 1932 heiraten Ria und Fritz Wessinger. Die glückliche kleine Familie erweitert sich schnell. Anfang 1933 folgt ein weiteres Kind: Lieselotte, genannt Lilo. Der Platz in der Fahrgasse wird eng für die größer werdende Familie, die Wessingers ziehen einmal mehr um. Die neue Wohnung befindet sich im Wollgraben 10, wo Ria fortan auch stundenweise bei der Familie Neubauer arbeitet. Die Neubauers haben im Erdgeschoss eine gut laufende Bäckerei. Ria versorgt den Haushalt der Bäckersfamilie, sie wäscht, bügelt, putzt und kümmert sich um die Kinder. Schnell freunden sich die Wessingers mit den Neubauers an. In ihrem Buch „Endlich reden" schreibt Helmuts Schwester Lilo Günzler mehr als 60 Jahre später, dass sich die Wessingers die großzügige Wohnung im Wollgraben vermutlich nur leisten konnten, weil sie ein so enges, freundschaftliches Verhältnis zu den Neubauers hatten.[5]

Am 30. Januar 1933 wird Adolf Hitler zum Reichskanzler ernannt. Am 7. Februar endet die letzte Sitzung eines frei gewählten Frankfurter Stadtparlaments in tumultartigen Auseinandersetzungen, nachdem die Stadtverordneten der NSDAP und DNVP die Sitzung verlassen haben. Es kommt zu Angriffen der KPD-Fraktion auf die Vertreter der SPD. Mit dem Hissen der Hakenkreuzfahne am Römerbalkon und der Ernennung von Friedrich Krebs zum kommissarischen Frankfurter Oberbürgermeister wird die „Machtübernahme“ im Römer am 13. März 1933 vollzogen.[6] Hetze, Antisemitismus und Ausgrenzung werden jetzt auch aus dem Frankfurter Rathaus gesteuert. Die NSDAP beruft sich auf ihr „25-Punkte-Programm“, das als Parteiprogramm bereits 1920 bei der Umbenennung der Deutschen Arbeiterpartei in Nationalsozialistische Deutsche Arbeiterpartei veröffentlicht wurde. Schon damals wurde ein Großdeutsches Reich angestrebt, die Rückgabe der deutschen Kolonien gefordert, der Versailler Vertrag abgelehnt, der Aufbau eines autoritären Staates geplant und die deutsche Staatsbürgerschaft für Juden abgelehnt. In Punkt 4 des Parteiprogramms wurde vermerkt: „Staatsbürger kann nur der sein, wer Volksgenosse ist. Volksgenosse kann nur sein, wer deutschen Blutes ist, ohne Rücksicht auf Konfession. Kein Jude kann daher Volksgenosse sein.“ Punkt 5 ergänzte: „Wer nicht Staatsbürger ist, soll nur als Gast in Deutschland leben können und muss unter Fremden-Gesetzgebung stehen.“[7]

Die Nazis kommen an die Macht

Im ganzen Deutschen Reich beginnt nach der Machtübernahme die Ausgrenzung von Juden. In Frankfurt erlässt Oberbürgermeister Krebs am 28. März 1933 eine Verfügung zur Beurlaubung und Entlassung von Beamten und Angestellten jüdischen Glaubens. Städtische Dienststellen dürfen in jüdischen Geschäften nicht mehr einkaufen, laufende Verträge mit jüdischen Firmen werden gekündigt.[8] Am 1. April 1933 werden jüdische Geschäfte boykottiert, es kommt zu Sachbeschädigungen und Übergriffen. Am 7. April wird das „Gesetz zur Wiederherstellung des Berufsbeamtentums“ verabschiedet, das zum Ziel hat, Juden, Menschen jüdischer Herkunft und politisch unerwünschte Personen aus dem Staatsdienst zu entfernen.

Ria und Fritz Wessinger wissen, dass die Hetze, der jetzt staatlich geförderte Antisemitismus und die rasch einsetzende Ausgrenzung auch sie betreffen werden, sie gehören zu den Verfolgten des Regimes. Doch von der kleinen Familie halten sie die schlimmen Nachrichten noch fern. Lilo ist gerade erst geboren, Helmut ist nicht mal zwei Jahre

Helmut und seine Schwester Lieselotte an Weihnachten 1933.

alt, als die Nationalsozialisten die Macht übernehmen. So bleiben die frühen Kindheitserinnerungen von Helmut auch positiv, er erinnerte sich gerne an seinen liebevollen Papa: „Ich bin ja unehelich geboren und hatte nie einen richtigen Papa. Aber ich hatte einen Stiefvater, der war zu mir wie ein leiblicher Vater. Er war sehr gut zu mir und hat sich immer um mich gekümmert." Sonnys erste Erinnerungen an Frankfurt sind Erinnerungen an den Ostpark, in dem die ganze Familie manchmal die Sonntage verbringt. Auch zum in Helmuts Geburtsjahr neu aufgebauten Goetheturm wandert die Familie immer wieder. Und zur Rollschuhbahn bei der Badeanstalt Mosler. Wenn man bei Mosler im Café sitzt, kann man den Menschen beim Rollschuhfahren zuschauen, ohne Eintritt zahlen zu müssen. „Da waren wir oft. Nur wenn du selbst Rollschuh laufen wolltest, musstest du zahlen. Manchmal haben mir meine Eltern Geld gegeben, da habe ich auch probiert zu fahren. Ansonsten habe ich mich als Kind nicht für Sport interessiert, die Eintracht habe ich damals noch gar nicht wahrgenommen. Als Kind habe ich aber mit anderen Kindern gerne auf der Straße gekickt."[9]

Helmut wird Messdiener

Fritz Wessinger ist ein strenggläubiger Katholik, der regelmäßig die Kirche besucht. Dass seine Frau und die Kinder den katholischen Glauben annehmen, freut ihn. Vermutlich erhoffen sich die Eltern aber vor allem auch einen Schutz vor den Nationalsozialisten, als sie Helmut und die kleine Lieselotte am 28. November 1933 im Dom zu Frankfurt katholisch taufen lassen. „Die Bäckersfrau, bei der meine Mutter ab und zu arbeitete und bei der wir im Haus wohnten, riet meiner Mutter, sich und die beiden Kinder katholisch taufen zu lassen. Meine Mutter war damit einverstanden und so wurden wir drei katholisch getauft und gehörten zur Dompfarrei"[10], erinnerte sich Helmuts Schwester Lilo 2002 an die Beweggründe. Recha Wessinger nimmt am 18. März 1934 den christlichen Glauben an.[11] Das kommt bei ihrer jüdischen Familie in Somborn nicht gut an. Der Vater bricht den Kontakt zur Tochter ab.

Helmut fühlt sich in der Kirche wohl, er wird Messdiener im Kaiserdom, ein Amt, auf das er sehr stolz ist. „Die Frau Neubauer aus unserem Haus hatte ja vier Söhne, zwei von denen waren Messdiener. Das wollte ich auch werden. Der Stadtpfarrer hieß Herr, und unter dem wurde ich Messdiener. Ich war jeden Tag als Messdiener im Dom, meine Mutter und meine Schwester sind immer mitgegangen."[12] Überhaupt war Helmut schon als Kind sehr gläubig: „Bei uns wurde sonntags auch immer vor dem Essen gebetet. ‚Lieber Gott, sei bei uns zu Gast, und segne, was Du uns bescheret hast, Amen'. Zu essen gab es manchmal nur ‚Himmel und Erde', das waren Kartoffeln und Apfelbrei. Dann gab es Kartoffeln und Hering, Bratkartoffeln und Ei und manchmal eine Suppe. Freitags gab es immer Fisch, Fleisch nur sonntags. Und montags die Reste vom Sonntag."[13]

Mit der Verabschiedung der Nürnberger Rassengesetze im September 1935 wird der Antisemitismus der Nationalsozialisten mit einer juristischen Grundlage versehen. Laut dem „Gesetz zum Schutze des deutschen Blutes und der deutschen Ehre" gelten Helmut Sonneberg und seine Mutter Ria trotz der Taufe als Juden. Schwester Lilo ist in der Sprache der Nationalsozialisten „Halbjüdin" und die Eltern leben in einer „Mischehe". Auf den Vater, der in der Terminologie des Nationalsozialismus „Arier" ist, wird Druck ausgeübt. Er soll sich von seiner Frau scheiden lassen. Doch der Vater steht trotz aller Schikanen zu seiner Familie, eine Trennung kommt für ihn nicht in Frage. Ob Fritz und Ria versucht haben, den von den Nazis für Helmut festgelegten Status als Jude zu revidieren, ist nicht bekannt. Nach den vorliegenden Unterlagen geht die Information über den jüdischen Vater lediglich auf entsprechende Äußerungen der Mutter zurück. Vielleicht war Helmuts leiblicher Vater Jude, vielleicht kannte Ria die Religionszugehörigkeit auch gar nicht. Möglich scheint auch, dass die Mutter in der Schwangerschaft die strenggläubige Familie nicht verprellen wollte und eine jüdische Identität des Erzeugers erfand. Auf der Geburtsurkunde vom 9. Juni 1931 ist lediglich vermerkt: „Frankfurt a/Main am 9. Juni 1931. Die Verwaltung des Städtischen Krankenhauses in Frankfurt am Main zeigte an, daß von der unverehelichten Köchin Recha Sonneberg, wohnhaft in Frankfurt am Main, Brückhof-Straße 23 zu Frankfurt am Main, Eschenbach-Straße 14, am vierten Juni des Jahres 1931 vormittags um acht Uhr ein Knabe geboren worden sei und daß das Kind den Vornamen Helmut erhalten habe."[14] Ein Vater ist in der Urkunde nicht erwähnt.

Abenteuer in fremden Kellern

Von der Gefahr, in der er sich befindet, weiß Helmut in seinen Kindertagen noch nichts, er jagt mit Freunden durch die Frankfurter Altstadt, die eng und dreckig ist. Im Alter wird er immer wieder über die „neue Altstadt", die ja eigentlich eine „Neue Neustadt" sei, schmunzeln. In seiner Erinnerung ist die Altstadt eine Ansammlung dunkler Häuser, in denen die Bewohner in den obersten Stockwerken den gegenüber wohnenden Nachbarn die Hand geben können. Für Kinder ist dieser enge Ort ein perfekter Spielplatz: „Wir haben da Nachlauf gespielt und Verstecken. Bei den alten Häusern war keine Haustür verschlossen. Alles war auf. Wir sind in die Haustür rein, da waren dann Falltüren für den Keller. Wenn du da reinwolltest, musstet du die Falltür aufmachen, darunter war die Kellertreppe. Da haben wir zu zweit die Falltür aufgemacht und haben uns im Keller versteckt."[15] Wenn im Winter der Boden gefroren ist, schiebt er mit Kumpels den Schnee an die Seite und baut so eine Rutschbahn: „Da haben wir mit normalen Schuhen Anlauf genommen und sind gerutscht, manchmal sechs oder acht Meter. Manchmal bist du auf den Popo gefallen. Aber das waren Spielsachen, die wir im Winter hatten."[16]

1937 findet Fritz Wessinger, der bis dahin immer als Tagelöhner oder Möbelträger arbeiten musste, endlich eine feste Anstellung.[17] Bei der Schrotthandlung Carl Nagel fängt er als Lagerarbeiter an, die Firma ist am Güterplatz hinter der Festhalle beheimatet. Als der Vater freitags seine erste Lohntüte mit nach Hause bringt, ist die Freude in der Familie groß. Ria kauft im Gemüseladen am Börneplatz zur Feier des Tages ein großes Körbchen Erdbeeren, die Familie feiert die Festanstellung des Vaters.

Helmut zieht es raus aus der Wohnung, gemeinsam mit seiner Schwester Lilo beobachtet er den Zeppelin, wenn er über Frankfurt fliegt. Dann rennen die Kinder zum Börneplatz, weil da der Blick in den Himmel frei ist. Da der alte Flugplatz am Rebstock zu klein geworden war, wurde im Juli 1936 im Stadtwald ein neuer eröffnet.[18] Einmal darf Helmut bei einer Landung am Flughafen dabei sein und ist ganz nah dran, als der riesige Flugkörper mit Seilen befestigt wird. Helmut ist als Kind ein kleiner, schmächtiger, aber lebensfroher Junge. Er interessiert sich für Technik, bestaunt den

Die Frankfurter Altstadt ist für Helmut in Kindertagen ein großer Abenteuerspielplatz. Er erinnerte sich, dass er mit Freunden oft in fremde Keller geklettert ist.

Zeppelin und die großen Lokomotiven am Hauptbahnhof, aber auch die wenigen Autos, die in Frankfurt durch die Stadt fahren. Seine Einschulung wird um ein Jahr zurückgestellt. An Ostern 1938 wird er als Sechsjähriger in die Holzhausenschule an der Eschersheimer Landstraße eingeschult. Der kleine Helmut freut sich sehr auf die Schule, er ist stolz, jetzt zu den „großen" Kindern zu gehören, und kann schon ein wenig lesen. Einige Tage vor der Einschulung hat Helmut sogar Adolf Hitler gesehen. Ende März 1938 besucht der „Führer" Frankfurt, er spricht in der Festhalle und wird danach im Kaisersaal des Römers empfangen. „Das Oberhaupt des Staats kommt und spricht auf dem Römer. Da ist alles hingerannt, und wir Kinder auch. Da stand er auf dem Römer, wo heute die Fußballer stehen. Und die Leute haben gejubelt, da war eine große Begeisterung."[19]

9. November 1938

Die unbeschwerte Zeit in der Holzhausenschule dauert für Helmut gerade einmal sechs Monate. Die Reichspogromnacht erlebt er hautnah. Als ihn seine Mutter am Morgen des 10. November 1938 zur Schule bringen will, kommen die beiden an der Synagoge der Israelitischen Gemeinde vorbei. Die steht in Flammen. „Wir wollten mit der Straßenbahn fahren, die Fahrt hat damals 10 Pfennig gekostet. Als wir aus unserer Straße rauskamen, da war ein großer Platz. Dort befand sich eine Synagoge, die Börneplatz-Synagoge. Und die hat lichterloh gebrannt. Es standen hunderte von Leuten vor der Synagoge, auch Polizei und Feuerwehr. Ich habe meine Mutter gefragt, ‚Warum löschen die denn nicht? Warum ist die Feuerwehr hier und löscht nicht das Feuer?' Meine Mutter hat mir keine Antwort gegeben und angefangen zu weinen, wir sind schnell wieder zurück nach Hause. Dann hat mich die Frau Neubauer aus der Bäckerei in die Schule gebracht. Sie hat mich streng ermahnt: ‚Du bleibst hier in der Schule und gehst nicht alleine weg, ich hole dich heute Mittag wieder ab.' Mittags hat sie mich abgeholt und mir gesagt, ‚Heute Abend müssen wir uns unterhalten'. Meine Mutter hat das auch gesagt, ‚Du gehst heute Abend mal runter zu der Frau Neubauer, die will dir was erzählen'. Dann bin ich abends runter, wir haben im dritten Stock gewohnt. Frau Neubauer hat mich mit den Worten empfangen, ‚Setz dich mal hin und höre mir gut zu'. Ich war ja damals gerade mal sieben Jahre alt. Da hat sie mir gesagt, ‚Du heißt erstens einmal anders, du heißt nicht Wessinger, du heißt Sonneberg. Dein Papa ist nicht dein richtiger Papa, das ist dein Stiefpapa'. Das war für mich schon mal gar nicht zu begreifen. Und dann hat sie gemeint: ‚Du bist zwar katholisch und bist zwar getauft, aber geboren bist du als Jude.' Da wusste ich gar nichts mit anzufangen. ‚Und du darfst jetzt auch wahrscheinlich nicht mehr in die Schule gehen' und, und, und … Also, da war ich sieben Jahre alt, das muss man sich vorstellen, wie wirkt das auf ein Kind. Ich bin nach 20 Minuten oder einer halben Stunde wieder hoch, ich wollte nichts mehr wissen und bin nur noch in mein Bett gegangen und hab geweint und geweint. Meine Schwester war nicht mehr meine Schwester, sie war meine Stiefschwester. Mein Papa war nicht mehr mein Papa, er war mein Stiefpapa. Und Wessinger hieß ich auch nicht mehr, ich hieß jetzt Sonneberg. Und ich durfte nicht mehr in die Katholische Kirche gehen, wo ich ja

Die brennende Synagoge am Börneplatz, Aufnahme vom 10. November 1938.

Messdiener war, ich war ja Jude. Das ging in so einen Kindskopf gar nicht rein. Und so fing der Leidensweg an. Meine Mutter hatte sich damals nicht getraut, mir das alles zu erzählen, deswegen hat das die Frau Neubauer gemacht. Meine Mutter war fertig mit den Nerven, weil sie viel mehr absehen konnte, was noch alles auf uns zukommt. Ich konnte das als Kind ja gar nicht begreifen."[20] Sonny erinnerte sich auch daran, dass er bis zu jenem 10. November gar nicht wusste, was eine Synagoge ist.

In den folgenden Wochen stürzen die bedrohlichen Ereignisse immer mehr auf den verunsicherten siebenjährigen Helmut ein. „Im Gespräch hatte die Bäckerfrau mir noch gesagt, ich heiße jetzt zwar anders, aber es ändere sich nichts für mich. Aber: Es hat sich schon was geändert. Von da an fing alles an, sich zu ändern."[21] Am 15. November 1938 gibt das Reichsministerium für Wissenschaft und Erziehung bekannt, dass es „nach der ruchlosen Mordtat von Paris (...) keinem deutschen Lehrer und keiner Lehrerin mehr zugemutet werden (kann), an jüdische Schulkinder Unterricht zu erteilen. Auch versteht es sich von selbst, dass es für deutsche Schüler und Schülerinnen unerträglich ist, mit Juden in einem Klassenraum zu sitzen." Zwar wäre die „Rassentrennung im Schulwesen (...) in den letzten Jahren im Allgemeinen bereits durchgeführt, doch ist ein Restbestand jüdischer Schüler auf den deutschen Schulen übriggeblieben, dem der gemeinsame Schulbesuch mit deutschen Jungen und Mädeln nunmehr nicht weiter gestattet werden kann."[22] Das Ministerium bezieht sich mit seinem Erlass auf das Attentat von Herschel Grynszpan, der am 7. November in Paris den deutschen Botschaftssekretär Ernst vom Rath lebensgefährlich verletzt hat. Der Tod von Ernst vom Rath, der am 9. November seinen schweren Schussverletzungen erlag, wurde von den Nationalsozialisten als Anlass für die Pogrome gegen Juden genutzt.

„Die durften uns schlagen"

Helmut muss die Holzhausenschule verlassen, wo er gerade erst heimisch geworden ist. Fortan geht er in das Philanthropin in der Hebelstraße, eine Schule der Israelitischen Gemeinde in Frankfurt. Bereits am 1. Oktober 1938 war dem Philanthropin vom Reichsministerium für Wissenschaft, Erziehung und Volksbildung der Status einer öffentlichen

Schule entzogen worden.[23] Auch im Dom kann Helmut nicht mehr Messdiener bleiben. Seine Eltern versuchen ihn zu schützen, doch der Schutz besteht vor allem darin, dass Helmut oft zu Hause bleiben muss. Die Angst vor Angriffen gegen seine Person ist groß. Auch mit seinen Kumpels auf der Straße darf er nicht mehr spielen. Die Einsamkeit zehrt an dem Siebenjährigen. „Ich hatte keine sozialen Kontakte mehr. Mit wem denn? Auf die Straße konnte ich nicht, da hätten sie mich halbtot geprügelt. Mit wem sollte ich denn spielen? Ich habe keine Freunde mehr gehabt und ich hatte auch keine Schulfreunde. Und mit den Nachbarskindern konnte ich auch nicht spielen."[24]

Auf die Gefahren angesprochen erinnerte sich Helmut: „Wenn auf der Straße von der HJ oder dem Jungvolk Pimpfe gelaufen sind und wir waren auf dem Weg ins Philanthropin, war das gefährlich. Wenn einer von denen gesagt hat, drüben laufen die Juden, dann kamen die rüber. Die durften uns schlagen, die durften uns ins Gesicht spucken. Und du durftest dich nicht wehren. Wie gerne hätte ich mich gerauft, aber ich durfte es ja nicht. Das ist das Schlimmste, was dir passieren kann. Schläge und Tritte sind Schmerzen, die gehen wieder weg. Aber bespuckt zu werden und sich nicht wehren zu können, das ist das Schlimmste. Das vergisst du nie. Das ist eine derartige Erniedrigung, die mir heute noch hin und wieder die Tränen in die Augen treibt. Das kann man nicht empfinden, das muss man erlebt haben. Dass man einem Menschen so weh tun kann. Der nichts gemacht hat. Nichts. Weder geklaut noch irgendwas anderes. Der hat nichts gemacht, nur weil er eine andere Religion hat. Das muss man sich mal übersetzen in die jetzige Zeit."[25]

Durch eine Verordnung vom 22. Juli 1938 ist die Kennkarte im Deutschen Reich bereits als „allgemeiner polizeilicher Inlandsausweis" eingeführt worden. Die Verordnung tritt zum 1. Oktober 1938 in Kraft. Die Kennkarte muss von allen männlichen deutschen Staatsangehörigen, von allen deutschen Staatsangehörigen über 15 Jahren bei Antragstellung für Ausweise im „Kleinen Grenzverkehr" und von allen Juden im Sinne der Definition der „Ersten Verordnung zum Reichsbürgergesetz" beantragt werden. Für Juden enthält die dritte Bekanntmachung eine Reihe ergänzender Vorschriften. So müssen Juden bei der Antragstellung auf ihre „nicht arische Abkunft" hinweisen. Auch jüdische Kinder müssen eine Kennkarte besitzen. Die Kennkarte, die bei Juden mit einem fünf Zentimeter großen „J" versehen wird, enthält auch den Zwangsvornamen. Bei Besuchen von Behörden und Ämtern müssen die Menschen fortan die Kennkarte vorlegen und werden so schnell als Juden identifiziert. Auch Helmut erhält im Herbst 1938 eine Kennkarte, die mit „J" gekennzeichnet und mit dem Zwangsvornamen „Israel" versehen ist.[26]

1939 verschärft sich die Situation für die Wessingers weiter. Zunächst wird der Familie der Volksempfänger weggenommen, Juden dürfen keine Radios mehr besitzen.[27] Mit dem Überfall der Wehrmacht auf Polen beginnt am 1. September 1939 der Zweite Weltkrieg: „Auf die Lebensmittelkarten von meiner Mutter und mir war ein großes ‚J' draufgestempelt, da haben wir nur noch die halbe Ration Lebensmittel bekommen", erinnerte sich Helmut an die Anfänge des Krieges. Bereits wenige Tage vor Kriegsausbruch wurde die „Verordnung zur vorläufigen Sicherstellung des lebenswichtigen Bedarfs des deutschen Volks" erlassen, damit wurde eine Rationierung und Bezugsscheinpflicht für viele Verbrauchsgüter geschaffen. In Frankfurt führte das Ernährungsamt die diffamierenden, mit einem „J" versehenen Karten bereits Anfang 1939 ein. Es soll verhindert werden, „dass einige arische Geschäftsleute trotz des Verbotes Juden beliefern". Juden dürfen ab September 1939 nur noch in zehn errichteten Verkaufsstellen einkaufen.[28] Als Ria die ersten Lebensmittelkarten für die Familie abholen will, bekommt sie für sich und Helmut Lebensmittelkarten, die mit einem roten „J" versehen sind.[29] Den beiden werden geringere Bezugsmengen zugeteilt, von Sonderzuteilungen sind sie komplett ausgeschlossen. Einkaufen kann Ria Wessinger nicht mehr in jedem Geschäft. Donnerstags zwischen 18 und 20 Uhr kann sie mit ihren Lebensmittelkarten in einem Laden in der Nähe des Zoos ihre Ration abholen. Vor dem Geschäft bilden sich lange Schlangen von Juden, immer wieder werden die wartenden Menschen von Passanten diffamiert und gedemütigt. Den Wessingers helfen in dieser Zeit wieder die guten Beziehungen zu den Vermietern, die Familie Neubauer unterstützt immer wieder und versorgt sie unter der Hand mit Backwaren aus dem Familiengeschäft.[30]

Im Kinderheim

1940 ist Helmuts Mutter Ria dienstverpflichtet. Seit 1938 werden erwerbslose Juden für den Arbeitseinsatz verpflichtet, dabei werden sie oft in „geschlossenen Kolonnen" und von „arischen" Arbeitern getrennt zu händischer Arbeit eingesetzt.[31] Ria muss in einer Wäscherei in Niederrad arbeiten. Nach Feierabend hilft sie weiterhin bei den Neubauers aus. Helmut wird 1940 aus der Familie herausgerissen. Kinder, die als „Volljuden" gelten und nichtehelich zur Welt gekommen sind, werden aus den Familien separiert und in Waisenhäuser verbracht.[32] Helmuts Schwester Lilo erinnerte sich an den Abend, an dem die Eltern Helmut darüber informierten, dass er fortan nicht mehr bei der Familie leben konnte: „Mama war nervös. In ihrer direkten Art sagte sie: ‚Am Montag muss ich dich ins jüdische Kinderheim im Röderbergweg bringen. Uns bleibt nichts anderes übrig. Aber ich verspreche dir, wir besuchen dich, so oft es geht.' Sie schaute ihn mit traurigem Blick an. Helmut sagte kein Wort, er war kreidebleich geworden."[33]

Helmut selbst erinnert sich: „Ich musste 1940 raus aus der Familie, weil ich Jude war. Meine Mutter wiederum war ja auch Jüdin, aber sie wurde geschützt durch ihren Mann, durch die ‚Mischehe'. Ich wurde aus der Familie rausgerissen und einquartiert im jüdischen Waisenhaus im Röderbergweg 87. Da waren ungefähr 100, 110 jüdische Waisenkinder. Nur, ich war ja kein Waise, ich hatte ja meine Mutter noch und meinen Papa, der ja nicht mein Papa war. Im jüdischen Waisenhaus habe ich dann auch wieder Schulunterricht gehabt, aber da habe ich auch nicht viel gelernt, viel Unterricht fand nämlich auf Hebräisch statt. Das habe ich gar nicht verstanden, deswegen wurde ich vom Hebräischunterricht befreit. Aber ich weiß durch den Aufenthalt im Waisenhaus, was Chanukka ist. Ich wusste bis dahin nichts davon. Ich habe mit dem Judentum nichts zu tun, ich bin Katholik von Grund auf und ich danke auch jeden Tag meinem lieben Gott."[34]

Das „Jüdische Waisenhaus", in dem Helmut untergebracht wird, heißt offiziell „Israelitische Waisenanstalt". Die Einrichtung wurde 1876 durch Privatpersonen gegründet, die den finanziellen Grundstock spendeten und den Unterhalt durch jährliche Beiträge sicherstellten. 1903 bezog die Israelische Waisenanstalt einen Neubau im Röderbergweg 87. Der Röderbergweg entwickelte sich in diesen Jahren zu einem Zentrum jüdischer

Das jüdische Waisenhaus im Röderbergweg 87, hier muss Helmut ab 1940 leben.

Kinderheime und Krankenhäuser. Hier waren unter anderem auch die „Versorgungsanstalt für Israeliten" (Hausnummer 77), die „Israelitische Religionsgesellschaft" (Hausnummer 91) und das „Georgine Sara von Rothschild'sche Hospital" (Hausnummern 93 bis 97) beheimatet.[35] In den Statuten der Israelitischen Waisenanstalt hieß es: „Der Zweck des Instituts ist: Unmittelbare israelische Waisenkinder, zunächst aus der hiesigen Stadt, dann auch aus der Umgebung im Umkreis von zehn Meilen und in besonders dringenden Fällen auch aus entfernteren Orten aufzunehmen, denselben eine den Grundsätzen des traditionellen Judentums entsprechende Erziehung zu gewähren und in der Pflege des Geistes wie des Körpers die treue elterliche Fürsorge möglichst zu ersetzen ... In didaktischer Beziehung stellt sich die Waisenanstalt zunächst die Aufgabe, ihren sämtlichen Zöglingen neben dem Unterricht im jüdischen Schrifttum eine gründliche Elementarbildung und da, wo Fähigkeit und Fleiß einen Erfolg versprechen, auch eine über dieses Maß hinausgehende wissenschaftliche Ausbildung zu Theil werden zu lassen."[36]

Das Haus war ursprünglich für die Aufnahme von 75 Kindern konzipiert. Nach 1935 änderte sich der Charakter der Einrichtung, weil immer mehr Eltern um Aufnahme ihrer Kinder baten. Eltern vom Lande versuchten, ihre Kinder unterzubringen, um sie der bedrückenden Situation in den Dörfern nicht aussetzen zu müssen. Familien, in denen Väter ins Konzentrationslager verbracht wurden, wandten sich an das Waisenhaus, ebenso Familien, die ihre Kinder aus wirtschaftlicher Not nicht mehr versorgen konnten. Da jüdische Kinder aus den Schulen ausgeschlossen wurden, erhofften sich die Eltern im Waisenhaus darüber hinaus eine weitere schulische Ausbildung. Auch Kinder aus aufgelösten Kinderheimen wurden im Röderbergweg untergebracht. So stieg die Zahl der Insassen im Haus binnen kurzer Zeit auf etwa 150.

Doch auch im Röderbergweg war die Sicherheit der Kinder nicht gewährleistet. Während der Pogromnacht 1938 war das Inventar der Einrichtung von der Gestapo zerstört worden, Teile des Personals wurden verhaftet. Das Ehepaar Isidor und Rosa Marx, die die Leitung der Einrichtung innehatten, bemühte sich, möglichst viele Kinder ins Ausland zu retten. Dabei nutzte Isidor seine Kontakte in die Schweiz, die Niederlande, nach Frankreich, England und Palästina, es gelang ihm, etwa 1.000 Kinder zu retten. Der von Helmut angesprochene Hebräischunterricht im Waisenhaus fand seit Mitte der 1930er Jahre vor allem auch deswegen statt, um die Kinder auf die Flucht und das Leben in der neuen Heimat vorzubereiten.

Als Helmut 1940 in die Israelische Waisenanstalt kommt, gibt es für Juden kaum noch Möglichkeiten, aus Deutschland zu fliehen. Isidor Marx ist zu der Zeit in England, er hat eine Gruppe Kinder in Sicherheit gebracht und eine vorübergehende Aufenthaltsgenehmigung erhalten. Das Haus wird jetzt von seiner Frau Rosa geleitet, sie wird von weiteren Jüdinnen unterstützt.[37] Helmut fällt es unendlich schwer, seine Familie zu verlassen. Am Wochenende darf ihn seine Mutter besuchen, sie bringt dann immer ein Stück Kuchen vom Bäcker mit und berichtet, was in der Familie passiert ist. Freunde findet Helmut im Waisenhaus keine, denn die meisten Kinder bleiben nicht lange dort: „Auch im Waisenhaus hatte ich keinen Freund. Ich hatte mit mir selbst zu tun, und die anderen Kinder hatten auch mit sich selbst zu tun. Zumal ab 1941 alle paar Wochen oder alle 14 Tage wieder Transporte abgingen. Wenn du mit einem Kind ein bisschen näher warst, dann ist der wieder verschickt worden. Das waren die ersten Deportationen aus Frankfurt, da wurden Kinder aus dem Waisenhaus mit verschickt. Die hat man nie mehr wiedergesehen."[38]

Ein Mensch zweiter Klasse

Helmut erinnert sich, dass er in der Zeit im Waisenhaus auch zu verschiedenen Arbeiten herangezogen wird. Gemeinsam mit anderen Kindern muss er in einer Gärtnerei arbeiten oder auf dem Jüdischen Friedhof: „Da habe ich wieder versucht, Freundschaften aufzubauen. Da waren zwei, drei Jungs, mit denen du in einer kleinen Gärtnerei warst, am anderen Tag zwei, drei andere auf dem Jüdischen Friedhof, wo wir Gräber ausgehoben haben, da mussten wir dann die Knochen der Toten einsammeln. Wieder ein anderer Tag mit zwei, drei anderen Kindern im Gagernkrankenhaus, da haben wir an der Wäschemangel gearbeitet. Das waren aber auch nur lose Beziehungen, eine Freundschaft aufbauen, das ging zu der Zeit nicht."[39]

Ab September 1941 muss Helmut in der Öffentlichkeit einen Judenstern auf seiner Kleidung tragen. Er ist gerade mal zehn Jahre alt. „Ich durfte nur auf die Straße gehen mit dem gelben Stern. Da war ich quasi immer gezeichnet. Aber ich konnte ja eh kaum raus. An den Hauswänden stand geschrieben ‚Saujud'. Jetzt kannst du als Kind mit dem Begriff ja gar nichts anfangen. Ich wusste ja gar nicht, was da passiert."[40] Immer wieder gehen die Kinder des Waisenhauses im Röderbergweg zum Unterricht ins Philanthropin. Da heißt es für die Gruppe aufpassen, dass man keiner Hitlerjugend-Truppe über den Weg läuft, denn da drohten wieder Schläge und Erniedrigungen. Auch der Weg zum Arbeitseinsatz auf dem Jüdischen Friedhof wird zum Spießrutenlauf: „Das war nie so schön, wir mussten durch die ganze Stadt laufen. Straßenbahn fahren durften wir nicht. Da sind wir durch die Stadt gelaufen, und da gab es hässliche Episoden mit der HJ. Das fing mit Spucken an und hörte mit Schlägen und Tritten auf. Mich haben sie mal erwischt, da bin ich um mein Leben gerannt. Du fühlst dich erniedrigt, als Mensch zweiter Klasse."[41] Der Schulunterricht im Philanthropin, des einst „bedeutendsten jüdischen Lehrinstituts in Deutschland"[42], wird immer weiter eingeschränkt. Bereits im April 1941 verfügten die Behörden die Auflösung der Höheren Schule. Daraufhin organisiert die Schulleitung private Förderkurse für Schülerinnen und Schüler, die in einigen Fächern getrennt von der Volksschule unterrichtet werden. Am 7. Juli 1942 verfügt das Reichsministerium für Wissenschaft, Erziehung und Volksbildung: „Im Hinblick auf die Entwicklung der Aussiedlung der Juden in der letzten Zeit hat der Reichsminister des Innern (Reichssicherheitshauptamt) im Einvernehmen mit mir die Reichsvereinigung der Juden in Deutschland angewiesen, sämtliche jüdischen Schulen bis zum 30. Juni 1942 zu schließen und ihren Mitgliedern bekannt zu geben, dass ab 1. Juli 1942 jegliche Beschulung jüdischer Kinder durch besoldete und unbesoldete Lehrkräfte untersagt ist. Ich gebe Ihnen hiervon Kenntnis."[43] Damit ist schulischer Unterricht für Juden in Deutschland verboten, jüdische Kinder sollen keine Bildung mehr erhalten.

Ebenfalls im Juni 1942 wird begonnen, das Heim am Röderbergweg zu räumen. Die meisten Kinder werden mit Koffern zum Ostbahnhof gebracht und deportiert, auch Rosa Marx und ihre Kolleginnen werden deportiert und ermordet.[44] In diesen Wochen haben Helmuts

Während der Zeit im Jüdischen Waisenhaus geht Helmut zur Schule in das Philanthropin. Ab 1. Juli 1942 wird jegliche Beschulung jüdischer Kinder untersagt.

Eltern furchtbare Angst, dass auch er mit den verbliebenen Kindern „auf Transport“ geschickt wird. Doch Helmut bleibt in Frankfurt. Als das Heim am 30. Juni 1942 geschlossen wird, sind noch etwa 20 Kinder im Haus, darunter auch Helmut. Die Gruppe wird zwei Wochen später ins jüdische Kinderheim in der Hans-Thoma-Straße 24 in Sachsenhausen gebracht, dessen offizieller Name „Kinderhaus der Weiblichen Fürsorge e. V.“ ist.[45]
Helmuts Mutter Ria bewirbt sich in den folgenden Wochen im Kinderheim in der Hans-Thoma-Straße 24 als Haushaltshilfe und Köchin. Das funktioniert, sie kann ihre Stelle antreten und ist damit wieder näher bei ihrem Sohn. Nach dem Schulunterricht kommt auch Schwester Lilo oft im Kinderheim vorbei und spielt mit Helmut.[46] Ein weiterer Ansprechpartner ist der drei Jahre ältere Werner Wadewitz, mit dem Helmut schon im Heim im Röderbergweg auf einem Zimmer wohnte. Auch Werner ist der Deportation entgangen und wohnt jetzt in der Hans-Thoma-Straße. Helmut und Werner verbringen viel Zeit zusammen. Auch Werner Wadewitz überlebt die Shoah, er wandert nach dem Krieg in die USA aus. In den 1970er Jahren werden sich die beiden immer wieder treffen, wenn Werner seine Heimatstadt besucht.[47]

Fritz kämpft um seinen Sohn

Doch bald erfährt Ria Wessinger auf der Arbeit von Kollegen, dass auch das Kinderheim in der Hans-Thoma-Straße aufgelöst und die Kinder deportiert werden sollen. Fritz Wessinger reagiert schnell und beschließt, in der Gestapo-Zentrale in der Lindenstraße 27 vorstellig zu werden. In den vergangenen Jahren war er immer wieder dort hinbestellt worden, dort wurde er gedrängt, sich von seiner Frau scheiden zu lassen. Das hatte er immer entschieden abgelehnt. Lilo Günzler erinnert sich an den Tag, an dem Fritz Wessinger Helmuts Leben rettete. „Nachdem wir uns etwas beruhigt hatten, berichtete Papa uns die Einzelheiten. ‚Erst haben sie mich lange warten lassen. Dann wurde ich ins Büro gerufen. Ohne lange Reden habe ich dem SS-Mann meine Orden auf den Schreibtisch gekippt. Dann habe ich dem Kerl fest in die Augen geschaut und mit fester Stimme gesagt: Ich habe im Ersten Weltkrieg vier Jahre lang für Deutschland gekämpft und mehrere Verwundungen davongetragen. Dafür habe ich diese

Orden und das Eiserne Kreuz bekommen. Ich habe dafür nie einen Pfennig Rente beantragt, ich arbeite jeden Tag zwölf Stunden, damit Deutschland den Krieg gewinnt. Jetzt habe ich dafür einen Wunsch frei. Gebt mir meinen Bub zurück. Der SS-Mann hat mich nur angeschaut. Vor Aufregung habe ich am ganzen Leib gezittert, aber ich habe mir nichts anmerken lassen. ‚Warten Sie draußen.' Meine Orden habe ich liegen gelassen und bin mit festem Schritt vor die Tür gegangen. Kurz danach bin ich wieder aufgerufen worden. ‚Nehmen Sie Ihren Krempel wieder mit. Morgen können Sie Ihren Judenbub abholen.' Mehr hat der SS-Mann nicht gesagt und ich bin ohne ein weiteres Wort aus dem Raum gegangen.' Mama drückte und küsste Papa. ‚Ich bin so stolz auf dich, du hast Helmut das Leben gerettet.'"[48] Helmut, der ja in diesen dramatischen Tagen nicht bei der Familie war, erinnerte sich wie folgt an seinen Vater: „Mein Papa, der war im Ersten Weltkrieg ein hochdekorierter Soldat, der hatte eine ganze Schachtel mit Ehrungen gehabt. Eisernes Kreuz erster und zweiter Klasse, Verwundetenabzeichen, Tapferkeitsmedaille. Und der hat um mich gekämpft, er hat um mich gekämpft, als wäre ich sein leiblicher Sohn. Als wir wieder eine Vorladung hatten zu irgendeinem Transport, dann ist der mit mir an der Hand in die Lindenstraße in Bockenheim gefahren, in die Gestapo. Da hat er vorgesprochen und hat die Blechschachtel mit Orden und Ehrenzeichen auf den Tisch gekippt und hat gesagt: ‚Ihr nehmt mir meinen Bub nicht. Ich habe meinen Kopf hingehalten im Ersten Weltkrieg für dieses Land.' Das hat gewirkt, ich durfte wieder nach Hause. Dann hatten wir wieder ein paar Monate Ruhe vor einer etwaigen Deportation. So hat der Mann um mich gekämpft."[49]

Den energischen Kampf um den Verbleib des Sohnes in Frankfurt und den Mut, sich den Behörden entgegenzustellen, hatte Helmut bereits 1996 sichtlich gerührt angesprochen, als er von der Shoah Foundation interviewt wurde: „Meinem Vater wurde oftmals nahegelegt, sich von meiner Mutter zu trennen. Die Familie quasi aufzulösen, sich scheiden zu lassen. Mit einer Jüdin ist man nicht verheiratet, das ist ja nur eine Person zweiten Grades, minderwertig. Ihm wurde das oft nahegelegt. Mein Vater war eine Seele von einem Mann, er hat zu seiner Familie gehalten, bis zum Schluss. Auch ich habe ihm zu verdanken, dass ich heute lebe. Er war im Ersten Weltkrieg ein ganz

In der Lindenstraße 27 befand sich die Gestapo-Zentrale. Fritz Wessinger kämpft hier um Helmut.

hervorragender Soldat, da hat er sich schwere und schwerste Verwundungen zugezogen. Er hatte tolle Auszeichnungen gehabt. Eisernes Kreuz erster Klasse, Tapferkeitsmedaille. Die hat er immer aufgehoben in einem kleinen Kästchen. Dann wurde er sehr oft zur Gestapo bestellt, die hatten ihr Büro in der Lindenstraße in Frankfurt, da wurde er sehr oft hinbestellt, drei-, viermal. Die wollten mich von der Familie trennen. Und er ist immer wieder da hingegangen und hat sich versprochen, wenn er hingeht, er bekommt mich zurück. Er hat dann gesagt, ‚Das ist mein Bub', obwohl ich nicht sein leiblicher Sohn war, ‚Das ist mein Bub, der kommt zu mir in die Familie zurück. Ich habe für Deutschland meinen Kopf hingehalten und meinen Körper'. Er will mich zurück. Ich bin mir bewusst, dass ohne ihn ich nicht mehr leben würde. Und die Transporte, die dann immer wieder gingen aus dem Waisenhaus, und ich war nie dabei. Das habe ich alles ihm zu verdanken. Genauso, als der letzte Transport aus der Hans-Thoma-Straße wegging, wo nur noch ein ganz kleiner Rest da war, und ich konnte wieder zur Familie zurück. Das war seiner Initiative zu verdanken."[50]

Dass Fritz Wessinger im Ersten Weltkrieg als Soldat mehrfach verwundet wurde, kann mit Hilfe der veröffentlichten Verlustlisten belegt werden. Als Angehöriger des Infanterie-Regiments Nr. 125, Stuttgart, III. Bataillon 10. Kompanie, kämpfte er an wechselnden Einsatzorten, zu Kriegsbeginn an der Westfront. Im Oktober 1914 wurde er beim Kampf in den Argonnen als verwundet gemeldet, er hatte eine leichte Beinverletzung. 1915 wurde sein Regiment nach Przasnysz verlegt, eine Stadt etwa 100 Kilometer nördlich von Warschau. Im September 1915 wurde er nach Kämpfen an der Ostfront erneut verwundet gemeldet. Ab 1916 war Fritz mit seinem Regiment wieder an der Westfront, er kämpfte unter anderem in der Schlacht an der Somme und 1917 in der Flandernschlacht. Im Herbst 1917 kämpfte er an der Südfront bei Kampfhandlungen gegen italienische Truppen, im Frühjahr 1918 wieder in Nordfrankreich.[51]

Wie es Fritz Wessinger letztlich gelang, Helmuts Verschleppung zu verhindern, darüber gibt es außer den Erinnerungen innerhalb der Familie keine Informationen. Es gibt aber auch in Frankfurt Belege dafür, dass mutige Menschen erfolgreich die Deportation von Familienmitgliedern verhindert haben. In Gesprächen berichtete Helmut immer

wieder auch darüber, dass Fritz Wessinger direkt bei Ernst Holland vorstellig wurde. Ernst Holland hatte 1935 als „Alter Kämpfer", wie frühe NSDAP-Mitglieder genannt wurden, eine Anstellung in der Stadtverwaltung erhalten. Seit dem 31. Mai 1940 war er „Beauftragter der Gestapo bei der Jüdischen Wohlfahrtspflege", bei den Frankfurter Juden war er gefürchtet. Holland, der stets in SS-Uniform auftrat, war für alle in Frankfurt verbliebenen Juden und jüdischen Wohlfahrtseinrichtungen zuständig. Zu seinen Aufgaben gehörte die Verwertung des Vermögens und die Auflösung von Wohnungen der zur Deportation bestimmten Frankfurter Juden, er vermittelte Arbeitsplätze im geschlossenen Arbeitseinsatz, verwaltete und verwertete die jüdischen Krankenhäuser, Altenheime und sonstigen Immobilien. Auch sorgte er mit Anzeigen dafür, dass zahlreiche Juden, die in „Mischehen" lebten, in Konzentrationslager deportiert wurden. Holland wurde 1943 an die Front versetzt und gilt seit 1945 als verschollen. Die Zentralspruchkammer reihte Holland 1952 in Abwesenheit in die Gruppe der „Hauptschuldigen" ein. Die Frankfurter Neue Presse schrieb 1952, dass Holland „von allen Zeugen übereinstimmend als die furchtbarste Figur aus der Zeit geschildert wurde"[52].
Ob Fritz Wessinger bei seinem Kampf um den Verbleib von Helmut auch bei Ernst Holland vorstellig wurde, ist nicht bekannt. Aber dank des couragierten Auftretens seines Vaters wird Helmut nicht deportiert. Er kehrt vermutlich Anfang September 1942 zurück zu seiner Familie. Kurze Zeit später wird das Kinderhaus von der Gestapo liquidiert.[53] Am 15. September 1942 werden 1.378 Menschen aus Frankfurt nach Theresienstadt deportiert. Die Deportation betrifft vor allem ältere Menschen, die sich in den Tagen vorher in den „Gestapo-Haftstätten" Hermesweg 5-7 und Rechneigrabenstraße 18-20 sammeln mussten. Unter den Verschleppten sind auch 42 Kinder aus dem Kinderhaus der Weiblichen Fürsorge e. V., das jüngste gerade mal zwölf Monate alt, das älteste 14 Jahre. Der Zug erreicht das Ghetto Theresienstadt am 16. September 1942. Nur 105 Menschen überleben die Deportation.[54] Am 24. September 1942 werden dann die letzten Kinder aus der Einrichtung deportiert. Danach steht das Gebäude leer, das Inventar wird Anfang 1943 verkauft. Am 1. April 1943 wird das Haus von der NSDAP gekauft, im März 1944 wird es durch Sprengbomben stark beschädigt.

Wieder zu Hause

Die Rückkehr von Helmut wird von der Familie mit einem großen Fest gefeiert. Lilo malt ein Schild mit der Aufschrift „Herzlich willkommen zu Hause“. Auch Frau Neubauer freut sich, dass die Familie wieder zusammen ist, und spendet einen großen Mandelzopf, ganz ohne Lebensmittelkarte. Doch die in Frankfurt verbliebenen Juden werden mehr und mehr isoliert und in „Judenhäusern“ gesammelt. Bereits am 30. April 1939 wurde das „Gesetz über Mietverhältnisse mit Juden“ verabschiedet. Dessen Ziel war es, Hausgemeinschaften zwischen Juden und „deutschblütigen“ Nachbarn aufzulösen, da es „eine vertrauensvolle Hausgemeinschaft zwischen Deutschen und Juden“ nicht geben könne. Die Gemeindebehörden konnten in Kooperation mit arischen Vermietern Wohnraum für nichtjüdische Personen freimachen, die bisherigen Mieter wurden in die beengten Räumlichkeiten von Judenhäusern eingewiesen. In einem offensichtlich an die jüdische Bevölkerung gerichteten Formular verfügte die Stadt Frankfurt 1939: „Alle jüdischen Mieter, die in einem Gebäude wohnen, das nicht einem Juden gehört, müssen damit rechnen, dass sie in nächster Zeit ihre Wohnung zu räumen haben. Diesen jüdischen Mietern wird geraten, sich schon jetzt freiwillig um eine Wohnung als Mieter oder Untermieter zu bemühen in einem Hause, das einem Juden gehört, um eine behördliche zwangsweise Unterbringung zu vermeiden.“[55]
Im Frühjahr 1942 erhöht Ernst Holland den Druck auf jüdische Mieter in „arischen“ Häusern, er organisiert eine „großzügige Umsiedlungsaktion“, um etwa 670 Westendbewohner aus ihren 185 Wohnungen zu vertreiben und ins Ostend umzusiedeln. Im Rahmen dieser Aktion möchte Holland auch andere Stadtteile „judenfrei“ machen.[56]
Auf der Suche nach einer neuen Bleibe bemüht sich Ria Wessinger bei der Jüdischen Gemeinde, eine Wohnung in der Nähe der Bäckersfamilie Neubauer zu finden, denn die Neubauers unterstützen die Familie weiterhin im Rahmen ihrer Möglichkeiten. Den Wessingers wird eine kleine Dreizimmerwohnung im dritten Stock des Rothschildhauses im Großen Wollgraben 26 vermittelt – die alte Börnestraße hatten die Nationalsozialisten 1935 in Großer Wollgraben umbenannt, um die Erinnerung an den jüdischen Journalisten Ludwig Börne zu tilgen. In dem Haus wohnen bereits fünf Ehepaare, die alle in sogenannten „Mischehen“ leben. Sonnys Schwester Lilo erinnerte sich, dass sie vor ihren

Das Rothschildhaus im Großen Wollgraben 26 wird die neue Heimat der Wessingers.

Klassenkameraden verheimlichte, dass sie nun in einem „Judenhaus“ lebte.[57] Sonny macht große Augen, das Rothschildhaus beeindruckt ihn nachhaltig. Bis ins hohe Alter wird er über das Gebäude und dessen Geschichte berichten. Als er 2020 im Rahmen eines Zeitzeugengesprächs gefragt wurde, ob er sich in der Zeit der Verfolgung zu Hause sicher gefühlt habe, antwortete Helmut: „Wissen Sie, wenn man wie ich im Rothschildhaus gewohnt hat, und ich konnte ja nicht raus, das war ja wie eine Burg. Ich habe mich darin sicher gefühlt. Obwohl man am Tag zwei-, dreimal in den Keller musste, wegen Fliegeralarm. Aber was heißt sicher? Darüber denkst du gar nicht nach als Kind.“[58]

„Ich war lebendig eingesperrt"

Doch auch wenn Helmut nun wieder in der Familie ist, wird das Leben für ihn nicht leichter. Morgens geht sein Vater zur Arbeit, auch die Mutter verlässt das Haus. Ria muss mittlerweile im Rahmen des „geschlossenen Arbeitseinsatzes“ bei der Firma Osterrieth in der Frankenallee arbeiten, die Lose für das Winterhilfswerk herstellt.[59] Schwester Lilo geht in die Schule. Helmut muss allein zu Hause bleiben. „So ging das Jahr für Jahr. Ich war also, wenn man das so will, lebendig eingesperrt. Ich konnte auf die Straße, aber nur mit dem Judenstern. Ich war quasi nicht mehr Mitglied der Gesellschaft. Gott sei Dank bin ich nie krank geworden, ich musste in kein Krankenhaus, zu keinem Doktor. Das wäre schwierig geworden, ich war ja durch den Stern gekennzeichnet. Meine Mutter hat mir jeden Tag einen Zettel geschrieben mit Aufgaben im Haushalt. Ich musste Betten beziehen, Kartoffeln schälen, Gemüse schälen, die Treppe putzen, den Ofen ausleeren, Feuer machen, Fenster putzen oder Schuhe putzen. Das habe ich für die ganze Familie gemacht, damit habe ich mich beschäftigt. Mittags kam dann meine Schwester von der Schule, dann habe ich etwas zu essen gemacht. Und wenn sie Hausaufgaben gemacht hat, da habe ich versucht, mitzumachen. Ich habe viel gelesen. Lesen konnte ich sehr früh, schon mit sechs Jahren. Wenn ich damals durch die Stadt gelaufen bin, hat mich meine Mutter immer bei Schildern gefragt, ‚Was heißt das?‘. Da habe ich immer die Schilder an der Straße buchstabiert und zusammengesetzt, so habe ich angefangen zu lesen, noch bevor ich in die Schule kam.“[60]

Das Lesen hilft Helmut, die ständige Langeweile zu bekämpfen. Seine Mutter hatte vor mehreren Jahren bei einer wohlhabenden Familie in Niederrad geputzt. Die Silbernagels waren einst Brauereibesitzer und hatten sogar einen Rennstall. Als Frau Silbernagel erkrankte, wurde sie von Ria Wessinger betreut. Die Silbernagels hatten einen Sohn, der im gleichen Alter war wie Helmut. Einmal durfte Sonny mit zu dessen Geburtstag und staunte nicht schlecht: „Da stand im Garten ein Tipi. Ein original Tipi, ein Indianerzelt. Mensch, ich habe solche Augen gekriegt. Und in der Villa hatte der Junge zwei Zimmer, ein Schlafzimmer und ein Spielzimmer. Und in dem Spielzimmer war eine Eisenbahn, das ganze Jahr war eine elektrische Eisenbahn aufgebaut." Als die Silbernagels 1942 vor den Nazis in die Schweiz flohen, schenkte der Sohn der Silbernagels Helmut eine große Kiste mit Büchern. „Das waren 120 Bücher. Egal, angefangen vom Franz Schneider Verlag, Jugendbücher, Emil und die Detektive, Das doppelte Lottchen oder alle Bände von Karl May oder Jules Verne, utopische Romane. Die Bücher habe ich gefressen, die habe ich alle in mich aufgesogen."[61]

Gefährliche Flucht ins Kino

Das ganze Leben in einer kleinen Wohnung zu verbringen, scheint unerträglich. Gerade für einen elfjährigen Jungen, der durch die Erlebnisse seiner Kindheit tief traumatisiert ist. Der versteckte Helmut, der so gerne liest, will trotz der großen Gefahr auch etwas erleben. Doch das ist für Verfolgte in Frankfurt 1942 lebensgefährlich. „Gegenüber dem Rothschildhaus war ein HJ-Heim. Da haben sich die Hitlerjungen und die Pimpfe getroffen. Und sie haben Lieder gesungen: ‚Von der Maas bis an die Memel, von der Etsch bis an den Belt; heute gehört uns Deutschland, und morgen die ganze Welt'. Oder sie haben gesungen ‚Wenn der Sturmsoldat ins Feuer geht, da hat er frohen Mut, und wenn's Judenblut vom Messer spritzt, dann geht's nochmal so gut'.[62] Solche Dinge habe ich zu hören bekommen, als Elf- oder Zwölfjähriger. Meine Mutter hat immer gesagt, ‚Lass dich bloß nicht am Fenster blicken'. Aber ich wollte ja raus. Und dann bin ich ins Kino gegangen. Meine Eltern waren dagegen und wollten mich nicht rauslassen. Aber ich wäre auch abgehauen, ich musste raus. Und so haben mich meine Eltern alle vier bis sechs Wochen mal rausgelassen. Ich habe gerne Wildwestfilme geschaut. Die ‚Schlacht am Blauen Berge', ‚Tom Mix, der Held von Texas', ‚Tom Mix räumt auf'"[63]. In Frankfurt gab es 30 Kinos, unmittelbar in der Altstadt war ein kleines Kino, in der Großen Friedberger Straße die Kinos ‚Drexel' und das ‚Pali', da bin ich hingegangen. Ein Stückchen weiter oben war die Schäfergasse, da waren das kleine und das große ‚Luna', dann das ‚Rex'. Und in der Weißfrauenstraße das Kino ‚Olympia'. Dann gab es noch den ‚kleinen Filmpalast' und den ‚großen Filmpalast'. Die gab es übrigens auch alle nach dem Krieg noch. Aber wie kommt man mit Judenstern ins Kino? ‚Ja, wie wollen wir das denn bewerkstelligen? Du musst ja den Stern tragen', hat meine Mutter gesagt. Und dann kam sie auf die Idee, wir nähen den Stern an der Jacke unter den Kragen. Ich habe dann das Revers umgeklappt, und so hat man den Stern kaum gesehen. Dann hat mir der Papa 50 Pfennig fürs Kino gegeben, und ich bin mit dem umgeklappten Revers schnell hingelaufen, hab mir eine Karte gekauft und bin ins Kino. Aber wenn jetzt Kontrolle war und die hätten das gesehen, dann wäre ich weg gewesen. So durfte ich selten mal ins Kino. Und meine Eltern haben daheim gesessen und haben sich Sorgen gemacht. Meine Träume waren damals als Kind: Hoffentlich ist der Krieg bald vorbei und du brauchst keinen Stern mehr zu tragen. Aber wie das zusammenhängen sollte oder wie das gehen sollte, darüber habe ich mir keine Gedanken gemacht. Nur, endlich wieder was Gutes zu essen, satt zu essen. Davon habe ich auch geträumt."[64]

Immer mehr wird das Leben von Helmut auch von den häufiger werdenden Luftangriffen bedroht. „Im Krieg war ja fast jeden Tag Fliegeralarm, manchmal dreimal am Tag. Da bin ich mit meinem Koffer in den Keller gerannt. Im Koffer waren Dinge drin für den täglichen Bedarf, Schlafanzug, Haarbürste, Kamm und ein bisschen Seife."[65] 1943 nehmen die Luftangriffe der Alliierten massiv zu. Nachdem im Juli bei dem schweren Luftangriff auf Hamburg fast 35.000 Menschen im Feuersturm starben, bereitet man sich auch in Frankfurt auf schwere Angriffe vor. Im August beginnen die ersten umfangreichen Evakuierungen von Schulkindern. Ein Erlass des Reichsjugendführers Baldur von Schirach vom 15. Juni 1943 bildet die Grundlage für die erweiterte Kinderlandverschickung, bei der ganze Schulen in vermeintlich sichere Gebiete verlegt werden.

Solche Schutzmaßnahmen gelten für Juden nicht. Als im Januar 1944 die Klasse von Helmuts Schwester Lilo verschickt wird, darf diese nicht mitfahren, da sie in den Augen der Nationalsozialisten „Halbjüdin" ist. Fortan ist Sonny tagsüber nicht mehr allein, denn Lilo kann jetzt auch nicht mehr zur Schule. Seit Oktober 1943 wohnt darüber hinaus ein weiteres Ehepaar in der Wohnung der Wessingers. Die Wohnung der befreundeten Degenhardts, die ebenfalls in einer Mischehe leben, wurde am 4. Oktober 1943 beim ersten Großangriff auf Frankfurt zerstört. Die Degenhardts kommen im Kinderzimmer unter, während Lilo und Helmut fortan im Wohnzimmer wohnen. Und an Weihnachten 1943 gibt es in der Familie eine große Neuigkeit. Ria ist schwanger und erwartet ein drittes Kind. Helmut und Lilo freuen sich auf den Nachwuchs.[66]

Obdachlos – und alles verloren

Doch die Bombenangriffe gehen weiter und werden immer massiver. Beim Großangriff vom 18. März 1944 wird dann auch das Rothschildhaus zerstört. Um 21.13 Uhr melden die Sirenen in Frankfurt Luftalarm, Helmut, Lilo und die Eltern flüchten sich in den Keller des Hauses. Um 21.30 Uhr fallen die ersten Bomben. 846 britische Bomber, darunter 620 Lancaster, 209 Halifax und 17 Mosquito greifen die Stadt an. Der Angriff, der etwa eine Stunde dauert, erfolgt in mehreren Wellen und trifft vor allem die östliche Altstadt. Von der Alten Brücke bis zur Konstablerwache werden zahlreiche Bauwerke zerstört, in der Fahrgasse und am Garküchenplatz bleibt kein Haus unbeschädigt. Auch das Karmeliterkloster und die Paulskirche werden von mehreren Bomben getroffen und brennen aus. Insgesamt werfen die alliierten Bomber etwa 1.300 Spreng-, 600.000 Stabbrand- und 50.000 Flüssigkeitsbrandbomben ab. Bei dem Angriff, bei dem 7.000 Wohngebäude zerstört werden, sterben 421 Menschen, ca. 55.000 werden obdachlos.[67] Helmut, Lilo und die Eltern überleben im Keller des Hauses und können sich über einen Notdurchbruch in einen öffentlichen Luftschutzkeller retten. Helmut erinnerte sich: „Als der Fliegeralarm kam, sind wir mit der ganzen Familie in den Keller. Die Bombeneinschläge kamen immer näher, der Boden hat gewackelt, viel mehr als bei den Angriffen zuvor. Wir hatten fürchterliche Angst. Wir waren zwei oder drei Familien im Keller. Unser Haus wurde wohl getroffen, aber der Keller brach unter den einschlagenden Schuttmassen nicht ein. Wir haben dann Schläge aus den Nachbarkellern links und rechts gehört. Die Menschen, die da in den Kellern waren, haben die Notdurchbrüche eingeschlagen und strömten in unseren Keller. Gott sei Dank gab es bei uns im Haus keine Toten oder Verletzten. Wir sind dann über einen weiteren Notdurchbruch raus aus dem zerstörten Haus und durch die brennenden Trümmer schnell in den Bunker. Der Bunker war brechend voll. Vorher hat mir mein Vater den Judenstern von der Jacke gerissen. Ich mit meinem Stern hätte da ja gar nicht reingedurft. In den Bunker durfte nur die arische Bevölkerung."[68]

In der Bombennacht vom 18. März 1944 verliert die Familie Wessinger all ihre Habseligkeiten, Helmut bedauert vor allem den Verlust seiner vielen Bücher. Lediglich die kleinen Notfallkoffer haben die Wessingers noch. In den folgenden Tagen kommen sie übergangsweise in Sachsenhausen bei einer Kollegin der Mutter unter. Der Vater hat Glück, ein Kollege aus seiner Firma will ihm seine Wohnung zur Verfügung stellen, da er mit seiner Familie wegen der ständigen Gefahr eines Angriffs mittlerweile auf das sicherere Land gezogen ist. Doch als die Wessingers die Wohnung nach einem weiteren Angriff beziehen wollen, ist auch das Haus des Kollegen zerstört. Fritz Wessinger besorgt eine Bescheinigung für Ausgebombte, fortan haust die Familie im Bunker in der Schifferstraße. Das ist zwar verboten, aber in dem Chaos nach den Angriffen werden Obdachlose vorübergehend in den Gebäuden geduldet. Den Judenstern trägt Helmut seit der Flucht in den öffentlichen Bunker nicht mehr.

Auftanken im Schwarzwald

Nach dem Schock der Bombennacht vom März kann Fritz Wessinger auf seiner Arbeitsstelle erreichen, dass er einige Tage Urlaub nehmen darf. Die Familie fährt Ende März 1944 mit dem Zug in den Schwarzwald zu Verwandten des Vaters. Zunächst schlafen sie einige Nächte bei der Cousine des Vaters, die in Ottenhausen wohnt und die die ausgebombte Verwandtschaft eher als Belästigung erlebt. Danach geht es nach Birkenfeld, wo ein Onkel von Fritz wohnt. Der freut sich über den Besuch und

Der kriegszerstörte Große Wollgraben. Auf der rechten Seite die Trümmer des Rothschildhauses.

„päppelt“ die Familie ein wenig auf. Lilo und Helmut basteln Nester, die am Ostersonntag mit Kuchenhasen und Zuckereiern gefüllt sind. In Erinnerung bleibt Helmut aber vor allem, dass er in einem richtigen Bett mit dicker Decke schlafen kann und sogar in einer großen Zinkwanne badet. Die Familie kann ein wenig Kräfte tanken. Nach zwei Wochen müssen die Wessingers aber wieder nach Frankfurt, hier quartieren sie sich erstmal wieder im Bunker in der Schifferstraße ein. „Aber da konnten wir nicht dauerhaft wohnen, das war ja keine Bleibe. Und da hat meine Mutter eine Bekannte getroffen, die hat gesagt, kommt doch zu uns in die Farbwerke-Siedlung an der Miquel- und Adickesallee. Da war eine große Siedlung, die heutige Goethe-Universität war ja das Hauptverwaltungsgebäude der IG Farben. In der Siedlung haben die Angestellten, die in dem Verwaltungsgebäude gearbeitet haben, gewohnt. Die waren alle gut betucht, die Farbwerke hatten damals 40.000 oder 50.000 Beschäftigte. Und viele hatten Landhäuser und Wochenendwohnungen. Die sind aus der Stadt rausgegangen, weil es auf dem Land viel weniger Bombenangriffe gab. Und so waren in dem Haus mehrere Wohnungen frei. Da sind wir hin, das war sogar möbliert.“[69]
Die Bekannte, die Helmuts Mutter getroffen hatte, war Frau Rentschler, eine Mitbewohnerin aus den Zeiten, als die Familie noch bei Neubauers wohnte. Frau Rentschler berichtet, dass das Haus im Wollgraben mit der Bäckerei im Erdgeschoss mittlerweile auch zerstört sei. Sie sei in der Duisbergstraße 3 untergekommen. Frau Rentschler bietet ihre Hilfe an, denn in der geräumigen Wohnung sei genug Platz. Die Schmidtbauers, Inhaber der Wohnung und Bekannte der Rentschlers, sind vor den Angriffen der Alliierten aufs Land geflohen. Und sie sind auch damit einverstanden, dass die Wessingers in die Duisbergstraße ziehen können. Die Familie schläft in einem Zimmer der Wohnung der Rentschlers, einige Wochen später können sie sogar ein Dienstmädchenzimmer mit dazugehöriger Küche beziehen, quasi eine kleine, eigene Wohnung. Fritz Wessinger organisiert mittlerweile sehr selbstbewusst Lebensmittelkarten für „2 Erwachsene und 2 Kinder“, dass Ria und Helmut Juden sind, verschweigt er. Im Chaos des zerbombten Frankfurts fragt in dieser Zeit auch keiner mehr. Aber die Angst vor der Kontrolle der Kennkarten bleibt.[70]

In der neuen Bleibe kommt die Familie Wessinger wieder etwas zur Ruhe. Zwar gibt es immer noch regelmäßig Luftalarm, doch die Gegend im Norden Frankfurts wird von Bombeneinschlägen verschont. Während die Altstadt in Schutt und Asche liegt, sind die Straßen rund um das IG-Farben-Haus noch fast vollständig intakt. In diese kurze Phase der Ruhe fällt die Geburt von Sonnys zweiter Schwester Gerda. Das Kind wird am 4. Juni 1944 geboren, am 13. Geburtstag von Helmut. Der ist enttäuscht von seinem Geburtstag, an dem sich alles um die neugeborene Schwester dreht: „Den Tag vergesse ich nie. Ich wurde damals 13 Jahre alt und saß in der Küche, und es hat mir keiner gratuliert. Das war so niederschmetternd und enttäuschend für mich. Das Baby ging ja vor, ist ja klar."[71]

In der neuen Umgebung traut sich Helmut immer mal wieder auch raus aus der Wohnung. Viele Häuser im Norden Frankfurts sind verlassen, die Bewohner sind auf das Land geflohen, Kinder sind über die Kinderlandverschickung aus der Stadt gebracht worden. So streunt Sonny, manchmal allein, manchmal mit seiner Schwester, durch die Straßen und Grünanlagen. Er begleitet Lilo sogar zum Einkaufen bei Herrn Pallentin, der am Eck ein kleines Geschäft hat. Einmal nimmt der die beiden mit dem Auto mit nach Niederrad, wo er ein weiteres Geschäft und seine Wohnung hat. Helmut ist schwer begeistert, es ist erst das zweite Mal, dass er Auto fährt. In Niederrad gibt's bei Frau Pallentin auch noch Gemüse und Fleisch zu essen. In die Innenstadt geht Helmut nicht. Die Angst, entdeckt zu werden, sitzt tief. Kinder sind in dieser Zeit selten zu sehen, und es stellt sich die Frage, warum ein Junge im Alter von 13 Jahren nicht über die Kinderlandverschickung in Sicherheit gebracht wurde.[72]

Deportation

Die ruhige Zeit in der Duisbergstraße dauert für Helmut und seine Familie nicht lange. Das Weihnachtsfest 1944 feiert die mittlerweile fünfköpfige Familie ohne Geschenke, aber mit Weihnachtsbaum. Frau Rentschler und Lilo waren in den Tagen vor Weihnachten mit der Straßenbahn bis zur Endstation Hohe Mark gefahren und hatten in den Taunuswäldern zwei kleine Tannen abgesägt, in Säcke gepackt und nach Frankfurt gebracht. Mit Zeitungsstreifen schmücken die Wessingers ihren Baum, Kerzen gibt es längst keine mehr. In diesen Tagen keimt innerhalb der Familie die Hoffnung, dass der Krieg bald zu Ende geht. Die Nachrichten, die man unter der Hand hört, berichten davon, dass die Wehrmacht sich an allen Fronten zurückzieht und die Alliierten mit einer immensen Armee auf Deutschland vorrücken. An den „Endsieg", den die Nationalsozialisten beschwören, glauben nicht mehr viele Menschen. Die, die sich verstecken müssen, hoffen auf den raschen Vormarsch der Alliierten.

Doch trotz der nahezu aussichtslosen Lage befiehlt das Reichssicherheitshauptamt am 15. Januar 1945, die im Deutschen Reich noch existierenden Mischehen zu zerreißen und die jüdischen Partner zu deportieren. Die Betroffenen in Frankfurt müssen sich in der Woche vom 12. bis 18. Februar bei den Behörden melden.[73] Im Einfindungsbescheid, der von der Reichsvereinigung der Juden in Deutschland ausgestellt werden muss, heißt es: „Alle in Mischehe lebenden Juden/Jüdinnen – auch Geltungsjuden kommen nach ausserhalb. Sie werden hierdurch aufgefordert, sich am Mittwoch, den 14. Februar 1945, nachmittags 14 Uhr pünktlich am Ostbahnhof, auf dem Gelände vor der Großmarkthalle (Ostseite) einzufinden. Gepäck kann in üblichem Umfang mitgenommen werden. An Arbeitskleidung ist nach Möglichkeit festes Schuhwerk, warme Unterwäsche, Strümpfe usw., ausserdem Rasierzeug, Essgeschirr, Essbesteck, Zahn- und Schuhbürste mitzubringen. Die Reisedauer kann 3 Tage in Anspruch nehmen. Sie wollen sich deshalb mit ausreichendem Essen für 4-5 Tage versehen. Eine Abmeldung beim zuständigen Ernährungsamt hat zu erfolgen. Vermögensfragen werden nicht berührt. Es wird jedoch in manchen Fällen empfehlenswert sein, etwa erforderliche Bestimmungen, wie Vollmachtserteilungen usw. selbst zu treffen. Nichterscheinen

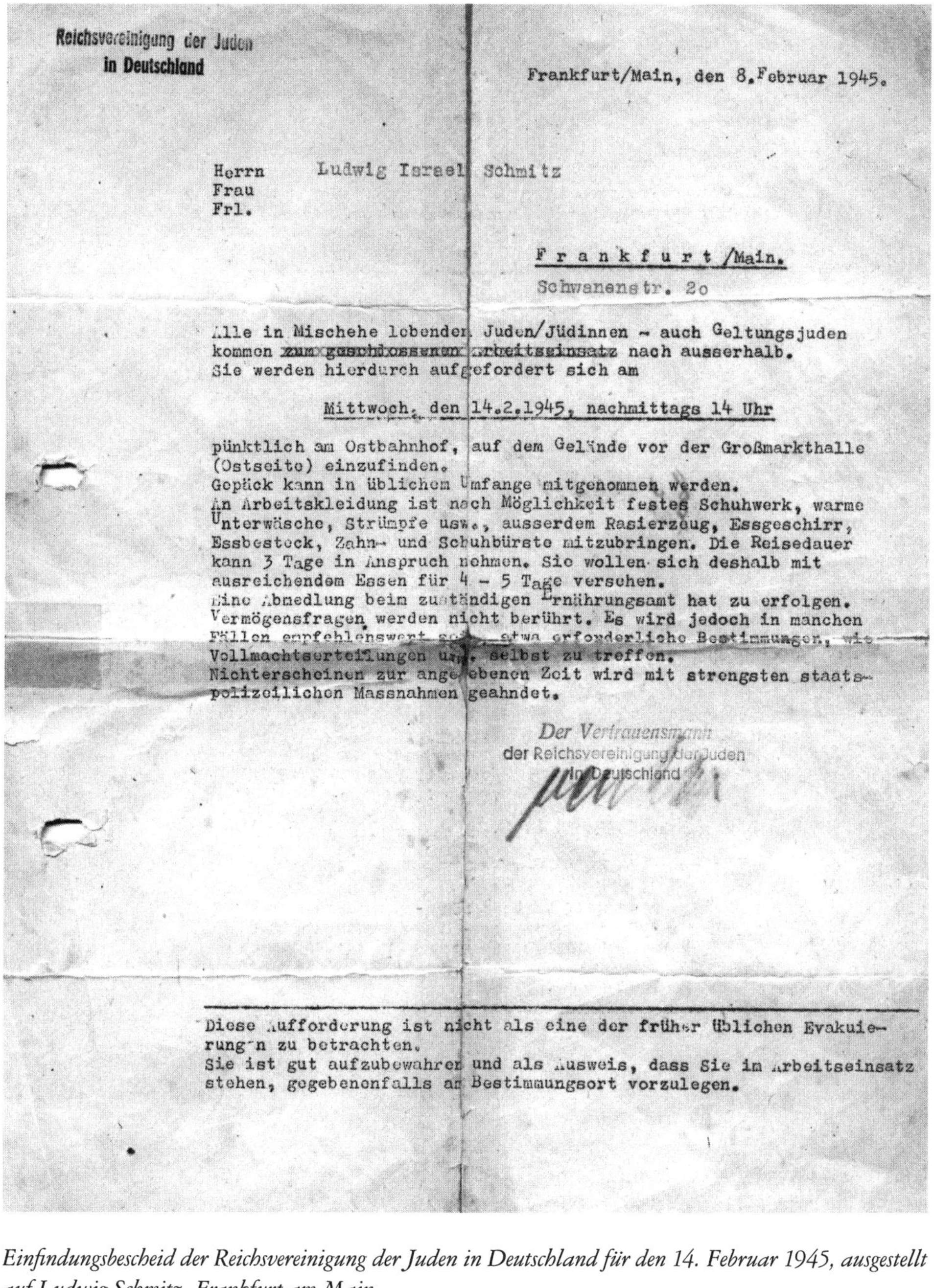

Reichsvereinigung der Juden
in Deutschland

Frankfurt/Main, den 8. Februar 1945.

Herrn Ludwig Israel Schmitz
Frau
Frl.

F r a n k f u r t /Main.

Schwanenstr. 2o

Alle in Mischehe lebenden Juden/Jüdinnen – auch Geltungsjuden kommen ~~zum geschlossenen Arbeitseinsatz~~ nach ausserhalb.
Sie werden hierdurch aufgefordert sich am

Mittwoch, den 14.2.1945, nachmittags 14 Uhr

pünktlich am Ostbahnhof, auf dem Gelände vor der Großmarkthalle (Ostseite) einzufinden.
Gepäck kann in üblichem Umfange mitgenommen werden.
An Arbeitskleidung ist nach Möglichkeit festes Schuhwerk, warme Unterwäsche, Strümpfe usw., ausserdem Rasierzeug, Essgeschirr, Essbesteck, Zahn- und Schuhbürste mitzubringen. Die Reisedauer kann 3 Tage in Anspruch nehmen. Sie wollen sich deshalb mit ausreichendem Essen für 4 – 5 Tage versehen.
Eine Abmeldung beim zuständigen Ernährungsamt hat zu erfolgen.
Vermögensfragen werden nicht berührt. Es wird jedoch in manchen Fällen empfehlenswert sein, etwa erforderliche Bestimmungen, wie Vollmachtserteilungen usw., selbst zu treffen.
Nichterscheinen zur angegebenen Zeit wird mit strengsten staatspolizeilichen Massnahmen geahndet.

Der Vertrauensmann
der Reichsvereinigung der Juden
in Deutschland

Diese Aufforderung ist nicht als eine der früher üblichen Evakuierungen zu betrachten.
Sie ist gut aufzubewahren und als Ausweis, dass Sie im Arbeitseinsatz stehen, gegebenenfalls am Bestimmungsort vorzulegen.

Einfindungsbescheid der Reichsvereinigung der Juden in Deutschland für den 14. Februar 1945, ausgestellt auf Ludwig Schmitz, Frankfurt am Main.

Am Abend des 13. Februar 1945 machen die Wessingers noch ein gemeinsames Familienfoto.

zur angegebenen Zeit wird mit strengsten staatspolizeilichen Massnahmen geahndet."[74] In einigen überlieferten Einfindungsbescheiden ist der Teilsatz „zum geschlossenen Arbeitseinsatz" durchgestrichen, vermutlich weil viele der Deportierten Kinder sind.[75]

An die Überbringung des Schreibens erinnert sich Helmut: „Eines Tages klingelt es an der Wohnungstür, da stand ein kleiner Mann vor der Tür. Meine Mutter hat gleich geschrien, ‚Dich lass ich nicht rein', und hat die Tür zugeschlagen. Da hat er noch mal geklingelt. Der hat eine alte Aktentasche gehabt, holt da ein DIN-A4-Blatt heraus und gibt es meiner Mutter. Die hat sofort angefangen zu heulen. Das war die Aufforderung, sich an der Großmarkthalle zur Abholung einzufinden."[76] Der „kleine Mann", an den sich Helmut erinnert, war ein Vertreter der Jüdischen Gemeinde. Die Jüdische Gemeinde muss die Deportationen der Juden aus Frankfurt für das Reichssicherheitshauptamt organisieren. Die Familie ist verzweifelt. Von der Deportation sind nur Ria und Helmut betroffen, die als Juden gelten. Vater Fritz und die beiden Töchter Lilo und Gerti erhalten keinen Einfindungsbescheid. In den folgenden Tagen überlegen die Wessingers unterzutauchen, was ihnen aber kaum möglich scheint. „Freunde, die uns verstecken hätten können, die gab es nicht mehr", erinnert sich Helmut.[77] Lilo Günzler erinnert sich auch daran, dass sie nachts ein Gespräch ihrer Eltern belauscht habe, in dem sich diese über die Möglichkeit eines gemeinsamen Suizids unterhalten hätten. In den folgenden Tagen bittet Fritz Wessinger seinen Chef Herrn Nagel um Unterstützung. Der sieht keine Möglichkeit, etwas für die Familie zu tun. In letzter Minute marschieren Ria und Lilo noch zu Stadtpfarrer Herr. Die Familie ist katholisch getauft und erhofft sich Hilfe durch die Kirche. Doch auch der Pfarrer sagt, dass er nicht helfen kann. Er bietet lediglich an, die kleine Gerda in ein katholisches Kinderheim vermitteln zu können.[78]

Vor dem, was der Familie bevorsteht, haben die Wessingers unglaubliche Angst. Die Ungewissheit zehrt an den Nerven der ganzen Familie. Helmut erinnert sich: „Ich weiß noch, dass jeder in der Familie geweint hat. Alle. Die Maßgabe war laut Brief, wir werden verschickt zum Arbeiten. Wir kommen in eine andere Stadt oder einen anderen Bezirk oder in ein anderes Land zum Arbeiten. Wir kommen nach einer Zeit zurück.

Aber meine Mutter und mein Vater, die waren ja schon erwachsene Leute, die wussten, da gibt es kein Wiedersehen."[79] Am Vorabend der Deportation machen Fritz, Ria, Helmut, Lilo und Gerdi noch ein gemeinsames Familienfoto. Frau Rentschler besorgt dafür extra einen Fotoapparat, damit das Familienbild gemacht werden kann. Auf dem Foto, das erhalten geblieben ist, erkennt man die Angst und Unsicherheit der ganzen Familie. Am selben Abend näht Ria den Judenstern wieder an Helmuts Jacke, ohne das stigmatisierende Symbol kann er nicht zur Großmarkthalle gehen.

Abtransport im Viehwaggon

Am 14. Februar laufen Ria, Helmut und Lilo zur Großmarkthalle. Vater Fritz geht auf Bitten seiner Frau ganz normal zur Arbeit. Sie hat Angst, dass er sich mit den SS-Männern in die Haare kriegen könnte. Ria hat einen Koffer dabei, Helmut seinen Rucksack. Lilo erinnerte sich, dass es auf dem Weg einen Luftalarm gab und ihre Mutter sie in den Bunker am Ostbahnhof schickte. Nach dem Fehlalarm rennt Lilo wieder zu ihrem Bruder und der Mutter. „Ich wollte mitlaufen, aber ein SS-Mann ließ an einer Absperrung keinen Angehörigen durch. Bis zu mir konnte ich die lauten, schrillen Befehle hören, die ein uniformierter Mann brüllte. ‚Alles stehen bleiben. Mit dem Gesicht zum Zug. Immer 60 Personen in einen Wagen einsteigen.' Es herrschte großes Durcheinander an der Rampe. Wie kann man Menschen bei diesem Wetter in Viehwagen transportieren? Mama und Helmut stehen noch auf der Rampe und Mama ruft mir zu: ‚Sei schön brav, sorge für die Kleine und gib auf den Papa acht!' Ich will ihr noch ‚Auf Wiedersehen' zurufen, aber ich bekomme keinen Ton heraus. Ich kämpfe mit den Tränen und habe einen dicken Kloß im Hals. Ich winke. Winke und weine leise vor mich hin. Dann höre ich das Kommando: ‚Alle einsteigen!' Rückwärts gehen Mama und Helmut in ihren Wagen. Sie winken mir immer noch zu. Die SS-Männer schieben eine Waggontür nach der anderen mit lautem Knall ins Schloss und verschließen sie mit einem großen Hebel. Jedes Mal, wenn eine Tür zufällt, hören wir die Menschen von innen an die Bretter schlagen und laut weinen. Alle um mich herum weinen. Als der Wagen, in dem Mama und Helmut sind, an die Reihe kommt, schaut Helmut noch einmal aus der Tür und ruft mir ganz laut zu: ‚Wir kommen wieder!' Im gleichen Moment knallt die schwere Waggontür zu."[80] Helmut erinnert sich an die Deportation wie folgt: „Also, da haben wir uns eingefunden, um 14 Uhr. So 100, 120 Leute, lauter alte Leute. Da war noch ein Mädchen, die war fünf Jahre, und ich. Dann standen wir da in Reih und Glied, hatten unsere Köfferchen und Rucksack. Meine Schwester war gegenüber. Dann wurden die Namen vorgelesen, ich bin noch mal zu meiner Schwester rüber, hab ihr einen Kuss auf den Backen gegeben, bin wieder zurückgerannt. Batsch, hatte ich eine im Gesicht. Da hat mir einer von den braunen Lumpen eine Backpfeife gegeben. Dann wurden wir in Viehwagen eingeladen, da habe ich meiner Mutter die Frage gestellt. ‚Sag mal, das sind doch lauter alte Leute. Die schicken uns jetzt fort zur Arbeit. Aber alte Leute arbeiten doch nicht mehr ...' Meine Mutter hat mir keine Antwort gegeben, da sind wir in den Viehwaggon eingestiegen, Tür zugemacht. Dann ging's los."[81] Als Helmut deportiert wird, ist er 13 Jahre alt.

Weitere Eintrachtler im Transport

Im Transport vom 14. Februar 1945 werden 191 Frankfurter, 25 Wiesbadener, 8 Darmstädter und 78 Menschen aus weiteren Gemeinden der Bereiche der Gestapo Hessen-Nassau und Koblenz verschleppt, darunter viele Kinder. Die Eintracht wird in diesem Buch erst später eine wichtige Rolle spielen. Trotzdem lohnt an dieser Stelle ein Blick auf Max Lehmann, Ilse Stelzer, Irmgard Wege und Karl Maas. Die vier werden gemeinsam mit Helmut und seiner Mutter verschleppt, und auch sie haben enge Beziehungen zum Verein.

Max Lehmann, der am 8. Dezember 1904 in einer jüdischen Familie geboren wurde, war viele Jahre am Riederwald aktiv. Seit Mitte der 1920er Jahre war er Mitglied der Eintracht. 1929 brachte er auch seinen Bruder Julius mit in den Verein. Ab 1930 arbeitete Max als Betreuer der D1-Jugend am Riederwald, 1931 wurde er Schriftführer der Fußballjugendabteilung. Nach der Machtübernahme der Nationalsozialisten musste Max seine Ämter bei der Eintracht aufgeben. Da er mit einer Christin verheiratet war,

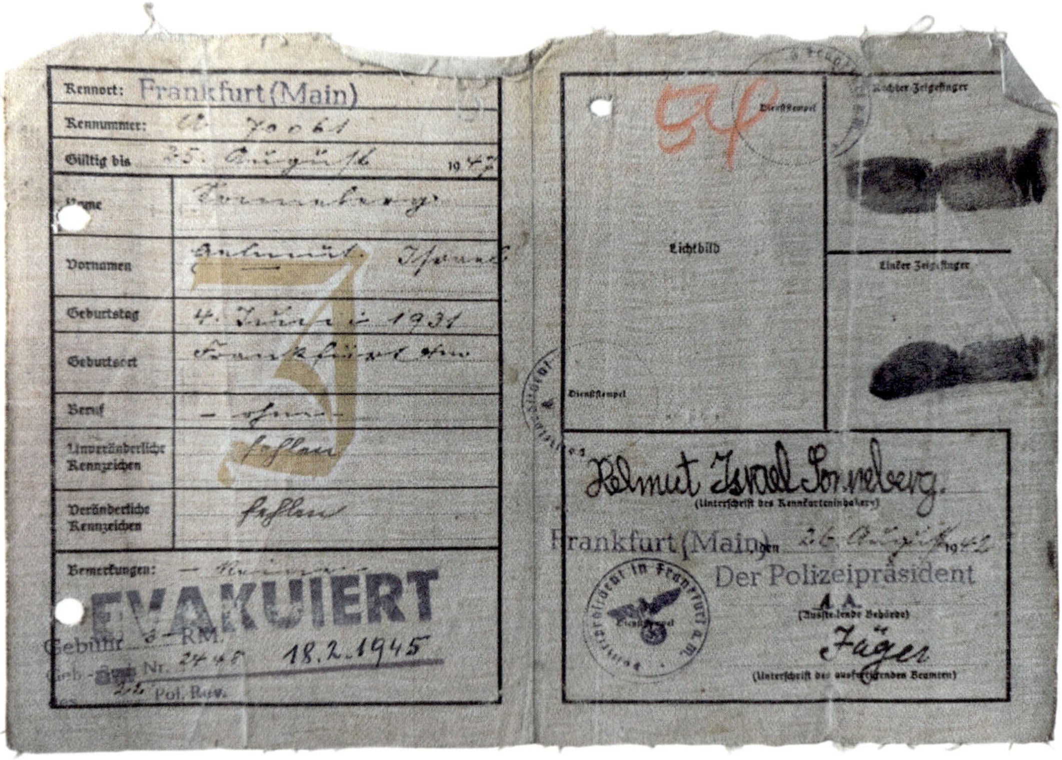

Kennort: Frankfurt (Main)

Kennummer:

Gültig bis 25. August 1947

Name

Vornamen

Geburtstag 4. Juni 1931

Geburtsort

Beruf

Unveränderliche Kennzeichen fehlen

Veränderliche Kennzeichen fehlen

Bemerkungen:

EVAKUIERT

Gebühr 3.– RM

Geb.-Nr. 2448 18.2.1945

Pol. Rev.

Lichtbild

Dienststempel

Rechter Zeigefinger

Linker Zeigefinger

Helmut Israel Sonneberg.

(Unterschrift des Kennkarteninhabers)

Frankfurt (Main), den 26. August 1942

Der Polizeipräsident

I. A.

(Ausstellende Behörde)

Jäger

(Unterschrift des ausfertigenden Beamten)

Auf die Kennkarte von Helmut wird am 18. Februar 1945 der Vermerk „evakuiert“ aufgestempelt.

war Max durch die „Mischehe" zunächst noch vor Deportationen geschützt. Seine Mutter Sara und sein Bruder Julius, den bei der Eintracht alle nur Jule nannten, wurden bereits 1941 deportiert und ermordet. Max Lehmann wird am 14. Februar aus Frankfurt nach Theresienstadt verschleppt, er überlebt die Deportation.[82]

Ilse Stelzer, die ebenfalls mit dem Februar-Transport deportiert wird, ist zum Zeitpunkt der Verschleppung gerade mal acht Jahre alt. Ilses Eltern Else und Emil Stelzer lebten auch in einer sogenannten „Mischehe", Else war als Jüdin geboren worden. Emil Stelzer war in seiner Jugend erfolgreicher Turner in der Turngemeinde im Oeder Weg. Auch nach der Fusion der Turngemeinde mit dem Frankfurter Fußballverein zur „Eintracht" nahm er weiterhin an Wettkämpfen teil. Emil arbeitete bei der Eintracht als Turnlehrer und war ein wichtiger Macher im Verein. Nach der Machtübernahme übten die Nationalsozialisten Druck auf Emil aus, er solle sich von seiner Frau scheiden lassen. Doch Emil blieb seiner Else treu. Außerdem arbeitete er bis zur Pogromnacht 1938 als Sportlehrer beim jüdischen Sportverein Hakoah Frankfurt und im Philanthropin. Nach den Pogromen werden jüdische Vereine verboten, das Vermögen wird beschlagnahmt. Die Pogrome haben weitere dramatische Konsequenzen für Emil Stelzer: Er wird verhaftet und vom 11. November 1938 bis zum 9. Dezember 1938 in Buchenwald als „politischer Häftling" in „Schutzhaft" genommen. Nach seiner Rückkehr nach Frankfurt arbeitet Emil Stelzer wieder als Sportlehrer, zeitweise vermutlich auch in der Turnhalle der Eintracht im Oeder Weg. Er wehrt sich entschieden und mit notarieller Hilfe gegen die Vorwürfe, kein „Arier" zu sein. Laut eigenen Aussagen erhielt er am 6. Januar 1942 eine „arische Kennkarte". Vermutlich versuchte er, auch für seine Familie „arische Lebensmittelkarten" zu organisieren. Mittlerweile waren die Stelzers nämlich zu viert, am 7. Januar 1943 wurde die zweite Tochter Marianne geboren. Am 15. März 1943 wird gegen Emil Stelzer eine „Schutzhaft" angeordnet, auf einem Häftlingspersonalbogen der Gestapo Frankfurt ist angegeben: „nicht jüdische Lebensmittelkarten für Frau und erstes Kind". Am 24. Juni 1943 wird Emil Stelzer erneut nach Buchenwald deportiert. Hier stirbt er im März 1944. Seine Frau Else wird am 12. August 1943 verhaftet und am 22. November 1943 mit einem „Sondertransport" von Frankfurt in das Vernichtungs- und Konzentrationslager Auschwitz verschleppt. Else stirbt am 7. Januar 1944, angeblich an Typhus. Die beiden Töchter Ilse und Marianne bleiben zunächst bei Emils Vater Ernst Stelzer. Doch kurz vor Kriegsende wird auch Ilse noch nach Theresienstadt deportiert. Ilse überlebt das Ghetto und kehrt nach Kriegsende nach Frankfurt zurück.[83]

Irmgard Wege, die Ehefrau des Eintracht-Rugbyspielers August Wege, wird ebenfalls deportiert, Irmgard ist Jüdin, gemeinsam mit August lebte sie bis zur Verschleppung in einer „Mischehe". Nach Kriegsende wird in den Feldpostbriefen der Rugbyabteilung sarkastisch berichtet: „August Wege kam auch gut durch die letzten 1.000 Jahre. Seine Frau kehrte auch wieder zurück."[84]

Auch Karl Maas muss sich am 14. Februar 1945 an der Großmarkthalle einfinden. Karl Maas, der am 13. November 1885 in Winnweiler geboren wurde, arbeitete seit 1912 als Rechtsanwalt beim Landgericht Kaiserslautern. Als glühender Anhänger des FV Kaiserslautern, einem Vorgängerverein des 1. FC Kaiserslautern, engagierte er sich zwischen 1910 und 1931 im Verein als Schriftführer, kommissarischer Leiter der Fußballabteilung und Redakteur der Vereins-Zeitung. Auch im Süddeutschen Fußballverband war Maas aktiv. Karl Maas lebte ebenfalls in einer „Mischehe", seine Frau war Christin. Nach 1933 verlor er seine Anstellung beim Landgericht, 1935 wurde er wegen seines jüdischen Glaubens als Amtsgerichtsrat „beurlaubt". 1937 zog er mit seiner Frau Liesel und der Tochter Johanna nach Frankfurt. In der Anonymität der Großstadt erhoffte sich die Familie, den Anfeindungen besser aus dem Weg gehen zu können, außerdem lebte die Schwester von Liesel ebenfalls in Frankfurt, sie betrieb in der Nähe der Konstablerwache ein kleines Geschäft. Nach seiner Befreiung in Theresienstadt kehrt Karl Maas nach Frankfurt zurück, wo er Ende der 1940er Jahre als Berater des Eintracht-Vorstands arbeitet und mithilft, den Amtsgerichtsrat Dr. Anton Keller zum Vorsitzenden des Vereins zu machen.[85]

Emanuel Rothschild ist ebenfalls vorgesehen für den Transport am 14. Februar 1945. Rothschild, der am 21. Juni 1895 in Hörstein geboren wurde, kennt Helmuts Mutter Ria Wessinger noch aus der Heimat, die beiden waren zusammen zur Schule gegangen.

Seit 1911 betrieb er in Frankfurt ein Textilgroßhandelsgeschäft, zunächst in der Kaiserstraße 11, später in der Elbestraße 29. Seit den 1920er Jahren war er Mitglied der Eintracht, er besuchte die Spiele und war einer der Mäzene des Vereins. 1932 hatte Emanuel seine Freundin Elisabeth Groh geheiratet. 1945 soll auch diese „Mischehe" zerrissen werden, auch Emanuel soll nach Theresienstadt verschleppt werden. Doch die Rothschilds tauchen unter, so entgeht Emanuel dem Transport. Emanuel, den Helmut nach dem Krieg kennenlernt, gehört zu den ganz wenigen Juden, die den Krieg in und um Frankfurt überleben.[86]

„Hundegebell, Geschrei, Trillerpfeifen"

Am 14. Februar werden Max Lehmann, Ilse Stelzer, Irmgard Wege, Karl Maas, Ria und Helmut mit vielen anderen in abgeriegelte Viehwaggons gesperrt, bis zu 70 Menschen pro Waggon. In den Waggons müssen die Menschen bei eisigen Temperaturen ohne Decken aushalten.[87] Helmut erinnert sich an die Fahrt: „Wir sind in dem Viehwaggon losgefahren, als die Tür zu war, war es dunkel. Ich habe im Eck gesessen mit meiner Mutter. Die alten Menschen im Wagen haben alle geweint. Mit dem Taschenmesser habe ich an einem Astloch in der Wand so lange gebohrt, bis ich es rausstechen konnte. Und dann konnte ich gucken und ich habe immer erklärt, wo wir sind. Da sind wir gefahren nach Fulda, nach Bebra, nach Erfurt, nach Weimar. Wir waren drei oder vier Tage unterwegs. Ein Blecheimer war das Klo, für 60 oder 70 Menschen auf dem engen Raum. Zu essen gab es kaum was. Einmal am Tag gab es ein Süppchen, die Tür wurde aufgemacht, ein großer Topf, da hast du einen Schlag gekriegt. Kein Brot, keine Butter. Der Zug hat manchmal mehr gestanden, als er gefahren ist, eigentlich kann man ja nach Theresienstadt in sechs bis acht Stunden sein mit dem Auto. Wir wurden aber immer wieder gestoppt, weil der Rückfluss von der Kriegsfront auch per Zug erfolgte und viele Verwundete in Zügen gefahren wurden. Dann kamen wir in Theresienstadt an. Es war nachts, es war dunkel. Dann gingen die Türen auf, die sind aufgemacht worden von außen. Da war ein Geschrei, gleißendes Licht, wie beim Flutlicht im Stadion, Hundegebell, Geschrei, Trillerpfeifen und, und, und, und. Also, es war

In dem Kasernenhof der Dresdner Kaserne fanden die Fußballspiele der Liga Terezin statt.

sehr beängstigend, ich habe auch Angst gehabt. Raus. Dann hieß es Frauen nach rechts, Männer nach links oder umgekehrt. So kamen wir in Theresienstadt an."[88] Der Transport aus Frankfurt erreicht das Ghetto am 18. Februar 1945.[89]
Die Festungsanlage Theresienstadt in Nordböhmen, ca. 60 Kilometer nördlich von Prag, dient den Nationalsozialisten seit November 1941 als ghettoähnliches Lager. Die 3.700 zivilen Bewohner wurden im Juli 1942 vollständig ausgesiedelt. Bis Juli 1943 wird fast die gesamte jüdische Bevölkerung des „Protektorats" nach Theresienstadt deportiert. Insgesamt durchlaufen rund 141.000 Menschen das Ghetto, 42.000 davon sind aus Deutschland. Aus Frankfurt werden bis 1945 in zehn Transporten etwa 3.300 Menschen nach Theresienstadt deportiert. Mehr als 2.000 kommen hier ums Leben.[90]

Vortäuschung falscher Tatsachen

Reinhard Heydrich, der Leiter des Reichssicherheitshauptamts, hatte auf der Wannseekonferenz am 20. Januar 1942 angekündigt, dass im „Altersghetto" Theresienstadt über 65 Jahre alte Juden und über 55 Jahre alte gebrechliche Juden mit ihren Ehegatten, Träger hoher Kriegsauszeichnungen aus dem Ersten Weltkrieg mit deren Frauen, jüdische Ehegatten aus nicht mehr bestehenden „Mischehen" und alleinstehende „Mischlinge" gesammelt werden sollten. Die Verschleppung in die „jüdische Mustersiedlung" wird als „Wohnsitzverlagerung" verschleiert, mit „Heimeinkaufsverträgen" wird den oft älteren Menschen suggeriert, sie wären als Bevorzugte auf dem Weg in ein Privilegierten-Ghetto. Gegen Abtretung erheblicher Vermögenswerte wird ihnen in diesen „Heimeinkaufsverträgen" Unterkunft, Verpflegung und ärztliche Betreuung auf Lebenszeit garantiert. All das gibt es nicht. Bis Oktober 1944 werden 57 Prozent der Häftlinge aus Theresienstadt in Vernichtungslager deportiert, 23 Prozent sterben im Ghetto.[91]
Um die Geschichte der jüdischen Mustersiedlung glaubhaft verkaufen zu können, dürfen ausländische Besucher Theresienstadt zeitweise besuchen. Im Vorfeld einer Visite des Internationalen Komitees vom Roten Kreuz wird das Ghetto einer „Stadtverschönerung" unterzogen. Cafés werden eröffnet, Häuser werden an der Außenfront mit heller Farbe gestrichen, ein Jugendheim wird eröffnet, ein Gemeinschaftshaus eingerichtet,

ein Bethaus, eine Theaterbühne und eine Bibliothek geschaffen. Die Kommission besichtigt Theresienstadt am 23. Juni 1944, sieht Cafés, einen Kinderpavillon, das Siechenheim und wohnt der Kinderoper „Brundibar" bei. Im Anschluss an den Besuch wird von den Nationalsozialisten von August bis September 1944 der Film „Theresienstadt. Ein Dokumentarfilm aus dem jüdischen Siedlungsgebiet" gedreht, der das Leben der Juden im Ghetto als friedlich und sicher darstellt. Nach den Dreharbeiten werden die meisten Schauspieler und der Regisseur nach Auschwitz deportiert.[92] In dem Film wird auch über Fußballspiele in Theresienstadt berichtet, die „Liga Terezin" organisiert im Ghetto einen eigenen Spielbetrieb. Zwischen Frühjahr 1943 und Herbst 1944 findet ein Ligabetrieb in zwei Klassen statt, daneben gibt es einen Pokalwettbewerb und Jugendspiele. Organisiert wird der Spielbetrieb von der „Ligakommission", die Mannschaften bestehen aus Teams mit jeweils sieben Spielern, gespielt wird auf den Höfen der ehemaligen Kasernen. Für die Häftlinge hat der Spielbetrieb einen hohen Stellenwert, bietet er doch für kurze Zeit eine Abwechslung vom grausamen Lageralltag.[93]

Alle fünf Tage 500 Gramm Brot

Helmut wird im Ghetto Theresienstadt im Knabenheim L417 untergebracht, vor der Errichtung des Ghettos war das eine Schule. Hier werden Jungen im Alter von zehn bis 15 Jahren gesammelt. In den ehemaligen Klassenzimmern stehen dreistöckige Hochbetten, pro Klassenraum werden bis zu 50 Kinder untergebracht. Helmut erinnert sich an eine kleinere Zimmerbesatzung: „Meine Gefühle waren: Angst. Angst, Angst, große Angst, was passiert jetzt. Ich wurde dann von meiner Mutter getrennt und wir lebten in einem sogenannten Knabenkinderheim mit ungefähr 20 Jungen auf einer Stube. Da gab es Hochbetten, wo ich auf dem obersten Stock geschlafen habe, weil ich einer der Kleinsten und Jüngsten war."[94] Helmuts Mutter wird unweit vom Knabenheim einquartiert, er kann sie jeden Tag besuchen. Ria spart sich die knappen Essensrationen auf und teilt sie mit ihrem Sohn. „Das Schlimmste war ja die Esserei. Helmut, du hast Hunger. Was haben wir da gemacht? Wasser getrunken. Wasser aus dem Wasserkran. Wir haben den Kopf unter den Wasserkran gehalten und getrunken. Es gab morgens

Hochbetten in einem Schlafsaal in Theresienstadt, aufgenommen bei der Reise nach Theresienstadt 2019.

eine Suppe, mittags eine Suppe und abends eine Suppe. Und immer eine Graupensuppe. Dünnflüssig, mal als Brei, mal gesüßt, mal salzig. Und alle fünf Tage gab es 500 Gramm Brot, 50 Gramm Butter und 50 Gramm Zucker. Da kann man sich vorstellen, was das für eine Ration ist. Die war bei mir in einer halben Stunde gegessen. Dann bin ich zu meiner Mutter und die hat mir noch von ihrer Ration abgegeben. Ich habe ja nur Hunger gehabt, habe ja gar nicht nachgedacht. Aber im Nachhinein, was die Frau für eine Strapaze auf sich genommen hat und gibt mir die Hälfte von ihrem Essen. Und ich habe immer noch Hunger gehabt!"[95]

Ria Wessinger muss in Theresienstadt in der Küche arbeiten. Immer wieder versteckt sie in der Unterwäsche Kartoffelschalen, manchmal auch ganze Kartoffeln, aus denen sie für Helmut eine kleine Mahlzeit kocht. „Meine Mutter hat mit ungefähr acht oder zehn älteren Frauen in einer Wohnung gewohnt, sie hatten zwei oder drei kleine Zimmer und eine kleine Küche mit Herd, es gab sogar Pfannen und Töpfe. Da hat sie mir manchmal zwei oder drei Kartoffeln gerieben und Pfannekuchen gebacken. Fett gab es nicht, so wurde der Pfannekuchen mit schwarzem Kaffee gebacken. Wie der dann geschmeckt hat, das kann man sich ja vorstellen."[96]

„Die Kisten für die Leichen, das mussten wir Kinder machen"

Auch Helmut wird zur Arbeit eingeteilt. „In Theresienstadt musste ich in einer Schreinerei arbeiten, da haben wir die Kisten zusammengekloppt für die Leichen, das mussten wir Kinder machen. Es sind jeden Tag so viele Leute gestorben. Die wurden in die Kisten, die wir zusammengekloppt hatten, reingelegt. In Theresienstadt gab es auch ein kleines Krematorium, da kamen die Särge dann hin. So wurden die Menschen, die in Theresienstadt gestorben sind, in Theresienstadt verbrannt. Und dann waren wir eine Zeitlang auch dort in einer Gärtnerei, das war eine große Gärtnerei, die war mehr oder weniger für die Herrschaften zuständig, wir haben ja eine Kommandantur gehabt, wo die Nazis drin gewohnt haben. Das waren so acht, zehn, zwölf Familien. Und dann musste ich auch Glimmer abbauen. Glimmer wird abgebaut zur Isolation von Elektrogeräten, in Bügeleisen kommt das rein."[97] Seit September 1944 war in Theresienstadt auf Befehl des Lagerkommandanten Rahm mit der Spaltung von Glimmer begonnen worden. Glimmer ist ein Material, das aufgrund seiner Schichtstruktur und seiner schwachen Bindung zwischen den Schichten eine geringe elektrische Leitfähigkeit hat, daher eignet es sich zur Isolation. Das Rohmaterial kaufte die Dienststelle in Berlin, später in Hamburg. Ursprünglich war vorgesehen, dass 800 Frauen in der Glimmerspaltung arbeiten, die Zahl der tätigen Frauen stieg jedoch bald auf 1.300. Zeitweise unterstützten die Kinder aus dem Kinderheim die Frauen bei der Arbeit.[98]

Helmut erinnert sich auch, dass das Ghetto im Frühjahr 1945 plötzlich wieder verschönert wurde. „Auf einmal gab es in Geschäften was zu kaufen, das Café, das immer geschlossen war, wurde wieder eröffnet. Da waren die Läden voll mit Schinken, mit Brot, mit Kleidern, mit Schuhen. Und alles sah viel ordentlicher aus. Wir wussten damit gar nichts anzufangen. Aber da kam einfach wieder eine Kommission aus Schweden, dafür wurde alles schön gemacht. Und die haben das toll gefunden.“[99] Der zweite Besuch einer Delegation des Internationalen Komitees des Roten Kreuzes fand am 6. April 1945 statt.[100]

Angesprochen auf einen typischen Tag in Theresienstadt erinnert sich Helmut: „Das war immer gleich: Morgens ist einer rumgelaufen und hat gerufen „aufwachen“, das war gegen acht. Dann mussten wir uns erstmal mit kaltem Wasser waschen. Dann gab es eine Suppe. Nach der Suppe wurden wir eingeteilt. Ein paar Mann in die Schreinerei, ein paar Mann in die Gärtnerei, ein paar Mann zum Glimmerabbau. Und für die anderen gab es manchmal Unterricht. Es waren ja 50.000 Leute in Theresienstadt, da waren auch Lehrer dabei. Der Unterricht war aber nicht wie in einer Schule, das war Unterricht ohne alles: Die Lehrer haben uns Geschichten erzählt, auch über den Krieg, über die Verfolgung, auch über unser Schicksal. Warum sind wir hier? Weil wir jüdischen Glaubens sind. Da habe ich gesagt, ‚Ich nicht, ich bin katholisch‘. Dann war der halbe Tag schon rum. Die, die arbeiten waren, kamen so gegen zwei, halb drei, konnten sich ein bisschen waschen. Dann gab es wieder Suppe mittendrin. Und abends gab es wieder Suppe. Und dann durften wir auch unter Aufsicht, nicht in dem Park, wo die Kommandantur war, sondern am Stadtrand, ein bisschen spielen. Ewas außerhalb war ein kleiner Park. Da durften wir drin rumrennen, Nachlauf, Versteck spielen. Ich kam ja im Februar in Theresienstadt an, da war es abends ja sehr schnell dunkel. Aber das war der Tagesablauf. Darüber haben wir gar nicht viel nachgedacht. Es gab nichts zu lesen, nichts zu schreiben, gar nichts. Ich habe oft auf dem Bett gelegen und rumgedöst. Das war ähnlich wie im Waisenhaus."[101]

Der kleine Park, an den sich Helmut erinnert, war ein Spielplatz, der im Rahmen einer „Verschönerung" des Ghettos 1944 gestaltet wurde, er sollte im Falle eines Kommissionsbesuchs die sozialen Errungenschaften dokumentieren. Es gab einen Pavillon als Kleinkinderhort, einen Sandkasten, Planschbecken und ein Karussell.[102] Die Aussage, dass 50.000 Menschen im Ghetto eingepfercht waren, stimmt für die Zeit, in der Helmut vor Ort war, nicht. Zwischen Herbst 1942 und Ende 1943 war das Ghetto mit zeitweise über 50.000 Menschen hoffnungslos überfüllt. Durch Deportationen in die Vernichtungslager wurde die Bevölkerung immer wieder dezimiert. In einer Aufstellung vom 28. Februar 1945 wurden 15.681 Menschen verzeichnet, die zu diesem Zeitpunkt in Theresienstadt lebten.[103] Damit war die Garnisonsstadt, in der einst knapp 4.000 Menschen lebten, trotzdem um ein Vielfaches überbelegt.

Erfahrungen teilen

In Theresienstadt macht Helmut die Erfahrung, dass er seine Situation mit anderen teilen kann. In Frankfurt hatte er sich immer verstecken müssen, ohne Angst konnte er die Wohnung nicht verlassen. In Theresienstadt ist er plötzlich einer von vielen Ausgestoßenen, die er jeden Tag sieht. Das machte ihm das Leben einfacher. „Und ein gewisser Humor muss dabei sein. Sonst kannst du das alles nicht überstehen. Meine Mutter hat immer gesagt, ich habe in Theresienstadt oft gelacht. Da kann ich mich nicht dran erinnern. Aber ich bezeichne die Zeit, als wir noch in Frankfurt waren, für mich fast als schlimmer als die Zeit in Theresienstadt. In Theresienstadt hast du in den Tag hineingelebt und hattest immer schon die Hoffnung, der Krieg ist bald aus. Man hat quasi schon den Geschützdonner gehört."[104] Freundschaften konnte Helmut aber auch hier nicht schließen. Er erinnert sich, dass unter den Kindern auf seinem Zimmer auch viele aus anderen Ländern waren, tschechische, österreichische und polnische Kinder, oft gab es Verständigungsprobleme. „Tagsüber war man unterwegs, abends konnten wir mal ein wenig spielen oder rumziehen, aber in den vier, fünf Monaten konnte man keine Freundschaften aufbauen. Die Freundschaften, die ich vermisse, sind die zwischen dem siebten und dem 14. Lebensjahr.“[105]

Kurz vor Kriegsende sieht Helmut in Theresienstadt Bilder, die ihn sein Leben lang verfolgen werden. „Es wurde im Frühjahr 1945 verbreitet, dass der Krieg bald zu Ende sei, die Amerikaner seien gelandet, das Deutsche Reich bricht zusammen. So im April, Mai 1945 kamen auf dem Gleis auch Züge an aus Auschwitz. Wo die herkamen, wussten wir damals ja nicht. Wir waren aber neugierig, wir Buben. Da haben wir geschaut, wer ankommt. Und da kamen dann die Züge an, und in den Zügen waren Menschen drin, die waren aber dem Tod näher, als dass sie lebten. Menschliche Skelette, die sich noch bewegt haben. Und wenn mir heute einer erklärt, ich bin ein glühender Pazifist, ich rühre keine Waffe an, aber wenn mir heute einer sagt, von diesen Querdenkern oder Neonazis oder wie auch immer: Wenn mir einer sagt, das ist alles nicht wahr, dann haue ich ihm in die Fresse, auch als Pazifist. Ich habe das mit eigenen Augen gesehen, das ist nicht zu leugnen. Und solche Bilder, die fressen sich in dich rein. Und diese Bilder, die beschäftigen dich. Ich wache heute noch manchmal nachts auf und habe die Bilder von diesen armen Menschen vor Augen.“[106]

Die Menschen, die Helmut sah, waren Insassen der sogenannten „Evakuierungstransporte“ aus den vor der heranrückenden Front geräumten Konzentrations- und Vernichtungslagern. Im April 1945 lebten 17.500 Häftlinge in Theresienstadt, ab dem 20. April kamen innerhalb kürzester Zeit mehr als 15.000 weitere dazu. Die zurücktransportierten Häftlinge waren in einem bemitleidenswerten Zustand, sie waren ausgehungert, viele lagen im Sterben. Meist handelte es sich um jüdische Häftlinge aus Polen und Ungarn. Viele von ihnen waren jetzt zum zweiten Mal in Theresienstadt. Wer aus dem Lager nach Auschwitz deportiert wurde und bei den berüchtigten Selektionen als arbeitsfähig eingestuft wurde, musste als Arbeitssklave an verschiedenen Orten arbeiten. Diese

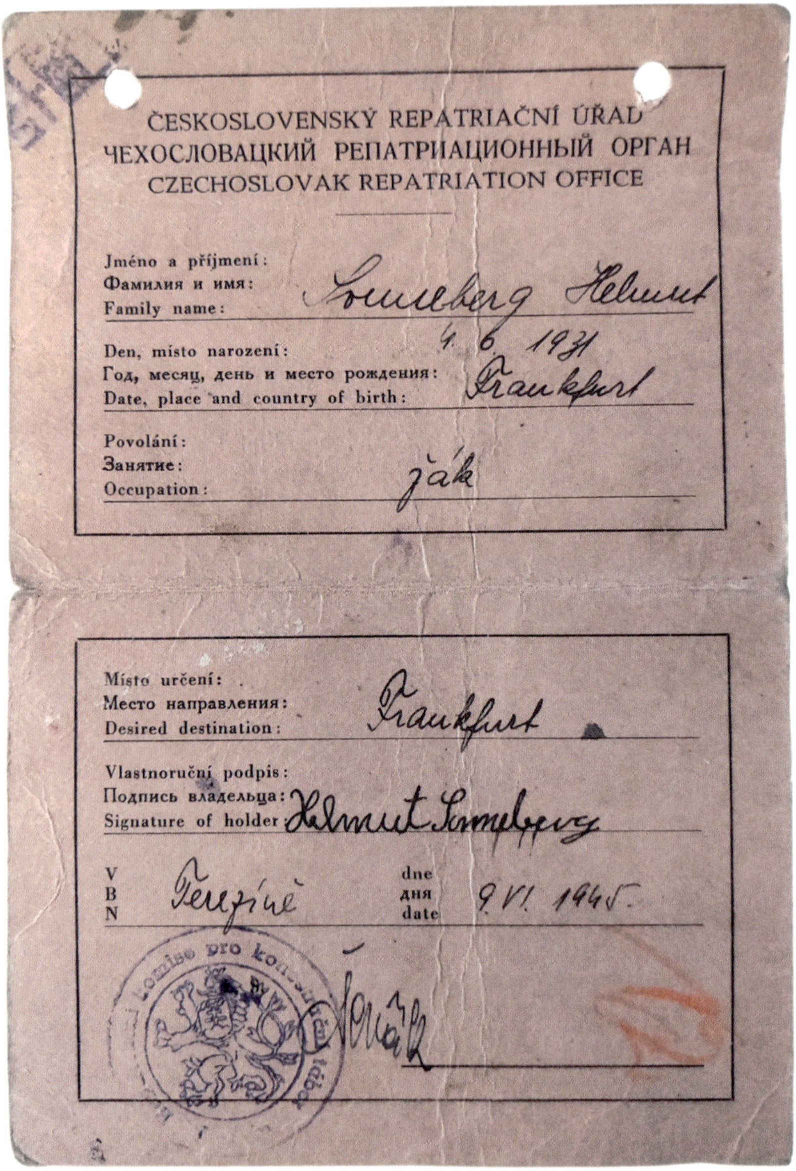

ČESKOSLOVENSKÝ REPATRIAČNÍ ÚŘAD
ЧЕХОСЛОВАЦКИЙ РЕПАТРИАЦИОННЫЙ ОРГАН
CZECHOSLOVAK REPATRIATION OFFICE

Jméno a příjmení:
Фамилия и имя:
Family name: Sonneberg Helmut

Den, místo narození:
Год, месяц, день и место рождения:
Date, place and country of birth: 4. 6. 1931 Frankfurt

Povolání:
Занятие:
Occupation: žák

Místo určení:
Место направления:
Desired destination: Frankfurt

Vlastnoruční podpis:
Подпись владельца:
Signature of holder Helmut Sonneberg

V / В / N Terezíně dne / дня / date 9. VI. 1945.

Nach der Befreiung durch die Sowjetarmee wird Helmut als Ghetto-Häftling erfasst.

Menschen kehrten jetzt zurück nach Theresienstadt. Manche waren so geschwächt, dass sie bereits kurze Zeit nach Ankunft verstarben. Eine große Gefahr für das ganze Lager stellten die Infektionskrankheiten dar, die mit den Evakuierungstransporten ankamen. Der Flecktyphus forderte auch nach der Befreiung noch viele Opfer.[107]

Am 2. Mai 1945 kommt Paul Dunant, der Vertreter des Internationalen Komitees des Roten Kreuzes nach Theresienstadt und nimmt das Lager unter seinen Schutz. Die Wachmannschaften der SS fliehen am 4. Mai, am nächsten Tag flieht Lagerkommandant Rahm. In den späten Nachmittagsstunden des 8. Mai 1945 erreichen die ersten Einheiten der Roten Armee das Ghetto. Theresienstadt ist befreit. Helmut erinnert sich wie folgt an die Befreiung: „Ganz einfach, du hörst dann abends was rasseln, es rasselt, rasselt. Und als Erstes kommen die Panzer. Man hat das schon zwei, drei Tage vorher gemerkt, was los war. Denn vor der Kommandantur standen große Möbelwagen, und die sind schon abgehauen, zwei drei Tage vorher. Und da waren eines Nachts die Russen da. Da war die Freude groß, der Krieg war vorbei. Und es gab für uns gleich was zu essen. Das haben die meisten nicht vertragen, denen hat sich der Magen rumgedreht. Wenn du monatelang nichts Richtiges zu essen kriegst und isst dann viel, verkraftet das der Magen nicht. Als die Russen kamen, habe ich noch 27 Kilo gewogen. Ich war mehr Skelett als Mensch."[108] 2023 liegt das Durchschnittsgewicht eines 13-jährigen Jungen bei 53,4 Kilogramm.[109]

Als das Ghetto Theresienstadt befreit wird, ist Helmut fast 14 Jahre alt. Seit dem 9. November 1938, dem Tag, an dem die Familie begann, Helmut zu verstecken, sind sechs Jahre und sechs Monate vergangen, das sind 2.372 Tage.

Zweite Halbzeit

Ankommen

Nach der Befreiung durch die Rote Armee müssen Helmut und seine Mutter zunächst in Theresienstadt bleiben. Die Befreier verhängen eine vierwöchige Quarantäne über das Ghetto, danach sollen die Insassen nach und nach in ihre Heimat überführt werden. Seinen 14. Geburtstag feiert Helmut noch in Theresienstadt, danach macht er sich mit seiner Mutter auf den Weg nach Hause. „Meine Mutter wollte nicht mehr warten, bis die Rücktransporte organisiert werden, sie hat gesagt, wir machen uns jetzt selbst auf den Weg."[110] Gesichert ist, dass Helmut mit seiner Mutter noch am 9. Juni 1945 in Theresienstadt war. An diesem Tag wurde ihm vom Rückführungsbüro der Tschechoslowakei ein Registrations-Zertifikat mit der Nummer 6516 ausgestellt.[111] In den Tagen danach machen sich Ria und Helmut auf den Weg nach Hause, die beiden sind vier bis fünf Tage unterwegs. Zunächst werden sie von russischen Soldaten ins benachbarte Leitmeritz gefahren. Von hier aus geht es per Zug nach Plauen. Hier steigen die beiden in einen weiteren Zug, mit dem sie bis zur Zonengrenze kommen. „Da konnten wir aber nicht mehr rüber. Drüben waren die Amerikaner, auf unserer Seite die Russen. Und da saßen wir auf der Straße. Da kam eine Frau vorbei, die hat uns angeboten, in ihrer Praxis zu übernachten. Wir hatten unsere Ausweise dabei, da war in deutscher, englischer, französischer und russischer Sprache vermerkt, dass wir aus Theresienstadt kommen. So konnten wir in einer Zahnarztpraxis im kleinen Dorf Jägersgrün zwei Nächte verbringen. Wir waren insgesamt sechs Leute, vier Frauen und zwei Buben. Der zweite junge Mann, der in meinem Alter war, war Sascha Hammerstein, der kam aus Leipzig. Der hat sich mit seiner Mutter auf den Weg gemacht zurück nach Leipzig. An ihn erinnere ich mich gut, aber wir hatten nach dem Krieg auch nie mehr Kontakt. Von Jägersgrün aus ging es dann weiter, zunächst zu Fuß, später dann mit dem Zug, und so kamen wir in Frankfurt wieder an."[112]

In Frankfurt ist der Krieg schon seit dem 29. März 1945 zu Ende, an diesem Tag wird die Stadt durch die 3. US-Armee eingenommen. Unmittelbar nach der Deportation von Helmut und Ria mussten die Wessingers die kleine Gerda in ein Kinderheim nach Waldaschaff geben. Am 23. März 1945 musste Fritz sich beim Volkssturm melden, Lilo sollte sich eigentlich mit dem Ehepaar Rentschler außerhalb Frankfurts verstecken.

Helmut mit seinen Schwestern Gerdi und Lilo, Weihnachten 1945.

Doch Lilo blieb allein im großen Haus und erwartete das Kriegsende im Keller. Nach der Befreiung mussten Fritz und Lilo die Duisbergstraße verlassen, da die Amerikaner das Gebiet für die Militärregierung beanspruchten. Vorübergehend kamen sie bei einem Kollegen in der Berger Straße auf einem Speicher unter, später bei einem Kollegen in der Bornheimer Landstraße. Da die Schrottfirma Nagel ihren Betrieb noch nicht wieder aufgenommen hatte, fand Vater Fritz eine vorübergehende Anstellung im amerikanischen General Hospital an der Friedberger Warte. Von der Jüdischen Gemeinde bekommen Fritz und Lilo die Information, dass Helmut und Ria am Leben sind und, sobald die Quarantäne aufgehoben wird, mit Bussen zurück nach Frankfurt gebracht werden sollen. Zu der Zeit sind die beiden allerdings längst auf eigene Faust auf dem Weg nach Hause.[113]

Als Helmut und Ria wieder in Frankfurt ankommen, ist die Freude in der Familie groß, auch wenn Lilo erschrocken ist, wie schlecht die beiden aussehen. Beide sind abgemagert, Helmut hat eitrige Hungerödeme an den Beinen. „Ich erkannte ihn fast nicht wieder. Er war so dünn, so zerbrechlich. Sein Kopf war winzig im Vergleich zu seinem abgemagerten Körper. Stumm stand er in der Tür. Wieder fing ich an zu weinen. Ich wagte mich nicht, ihn zu drücken. Ich hatte Angst, ihm weh zu tun. Verlegen holte ich eine kleine Tafel Schokolade und legte sie in seine Hand. Er lachte. Als ich sein Lachen hörte, erkannte ich meinen Bruder wieder."[114] Im Rahmen des Entschädigungsverfahrens wird ein Amtsarzt im Mai 1950 bestätigen, dass Helmut sechs Zähne verloren habe, da er bis zur Befreiung durch die Alliierten keine Behandlungsmöglichkeiten durch einen Zahnarzt hatte. Die Behandlung des eitrigen Ausschlags am rechten Unterschenkel zieht sich über zwei Jahre hin.[115]

Bei der Jüdischen Gemeinde im Baumweg bekommen Ria und Sonny doppelte Lebensmittelkarten. Außerdem wird ihnen ein Hotelzimmer im Hotel Victoria in der Elbestraße zugewiesen. Das geräumige Zimmer verfügt über zwei Betten und eine Liege, es hat fließend warmes Wasser, auf dem Flur gibt es eine Dusche. So zieht die ganze Familie vorübergehend in die Elbestraße. „Wir haben dann so acht, zehn Wochen in dem Hotel in der Elbestraße gewohnt, welches wir zugewiesen bekommen haben. Wir sind regelmäßig auf das Wohnungsamt gegangen und dann haben wir eine Bleibe in Sachsenhausen gefunden. Die ganze Familie kam bei einer Kriegerwitwe unter, die in Sachsenhausen am Schweizer Platz eine große Vierzimmerwohnung hatte. Da sind wir eingezogen. Frau Dauer, so hieß die Vermieterin, war nicht besonders begeistert, dass gleich eine vierköpfige Familie bei ihr einzog. Aber in Sachsenhausen war es schön. Im Erdgeschoss war eine Metzgerei. Da hat meine Mutter gleich wieder mitgeholfen und hatte damit schon wieder eine Arbeitsstelle. Meine kleine Schwester Gerdi konnten wir erst im August 1945 aus dem Kinderheim in Waldaschaff abholen."[116] Mutter Ria erfährt in dieser Zeit auch, dass zwei ihrer Geschwister aus Somborn von den Nazis ermordet wurden.

Als 14-Jähriger in die 3. Klasse?

Während Lilo zum neuen Schuljahr wieder in den Unterricht geht, bleibt Helmut zu Hause. Der mittlerweile 14-Jährige müsste mit Drittklässlern in die Klasse gehen, das will er nicht. „Ich war viel in der Stadt unterwegs, es war ja alles kaputt. Es gab kaum Geschäfte, und als es dann wieder Geschäfte gab, gab es kaum Lebensmittel. Erbsen, Bohnen und Linsen gab es, sonst nicht viel. Wir aßen jeden Tag Eintopf. Und wenn meine Mutter beim Putzen in der Metzgerei mal einen Worschtschnippel bekommen hat, haben wir den in die Suppe getan. Mit meiner Mutter bin ich immer in die Großmarkthalle, da kamen die Bauern und haben ihr Gemüse abgeliefert. Aber für uns blieb da auch nicht viel übrig. Die Amerikaner haben sich schon um die Bevölkerung gekümmert, dass man ein bisschen versorgt war, aber die Versorgung war ganz mies. Also, nach dem Krieg, das war auch eine beschissene Zeit."[117]

Helmut entdeckt sein zerstörtes Frankfurt, und er ist da, wo was los ist. Als am 2. November 1946 bei bitterer Kälte der wiederhergestellte Eiserne Steg offiziell eröffnet wird, ist Helmut mit Mantel und weißem Schal ganz vorne dabei. Als die Presse Fotos von Oberbürgermeister Kolb und weiteren Würdenträgern macht, steht Helmut direkt daneben – und erscheint in allen Zeitungen. Trotzdem hat Helmut immer Angst, erkannt zu werden. „Ich war ein freier Junge, Ausgrenzung gab es nicht mehr. Aber ich

Als Oberbürgermeister Walter Kolb 1946 den im Krieg zerstörten Eisernen Steg wiedereröffnet, ist Helmut mit weißem Schal ganz vorne dabei.

habe mich trotzdem immer geschämt, oder hab gemeint, die erkennen doch alle, was du für ein Kerl bist. Meine lange Nase und der Name, da war ich mir sicher, die erkennen mich als Juden."[118]

Helmut lernt Kfz-Mechaniker

Um ihren Sohn, der keine Schulbildung hat, macht sich Ria Wessinger große Sorgen, immer wieder sagt sie „Was mal aus dir werden soll, weiß der liebe Gott." Lilo Günzler erinnert sich, dass sich die Mutter in ihrer Not sogar an das Büro des Oberbürgermeisters wendet und darum bittet, dass Helmut auch ohne Schulabschluss eine Ausbildung vermittelt wird.[119] Sie hat Erfolg. Gemeinsam mit Helmut geht Ria auf das Arbeitsamt. „Da haben sie mich auf dem Amt gefragt, was ich denn für eine Begabung habe. Ich hatte ja gar keine Begabung. Da sollte ich dann eine Lehre als Bäcker anfangen. Da musste ich morgens um vier Uhr raus. Ich habe in der Dreieichstraße beim Bäcker Mannberger angefangen. Der Herr Mannberger hat im Krieg ein Bein verloren. Er hatte ein Holzbein. Also nicht so eine Prothese wie heute, ein richtiges Holzbein. Ich habe da also angefangen und gleich in den ersten Tagen sollte ich oben aus dem Regal ein Brett runterholen. Ich zieh das also runter und hau es dem Bäcker Mannberger voll hinten auf den Kopf. Da hat er sich auf das Holzbein gestellt und hat mir mit dem anderen Bein in den Hintern getreten. Danach bin ich nach Hause und habe zu meiner Mutter gesagt, ‚Da gehe ich nie mehr hin'. Am nächsten Tag bin ich auch nicht mehr hingegangen. Das war meine erste Ausbildung."[120] Als Helmut einige Tage später wieder beim Arbeitsamt auftaucht, freuen sich die Mitarbeiterinnen schon. Helmut hatte nach der Vermittlung des Ausbildungsplatzes versprochen, ihnen eine Torte vorbeizubringen, sobald er in der Ausbildung gelernt hat, Torten zu backen. Die Mitarbeiterinnen glauben, dass Helmut die versprochene Torte vorbeibringt. Stattdessen sagt der, dass er seine Ausbildung schon in den ersten Tagen geschmissen habe und jetzt eine neue Stelle brauche. Helmut wird an die Autounion verwiesen, wo er eine Ausbildung als Kfz-Mechaniker beginnt. Die Ausbildung, die drei Jahre dauert, startet am 1. April 1946. Helmut, der sich schon immer für Autos begeisterte, zieht die Lehrjahre durch, auch wenn der Lohn karg ist. Zu Beginn verdient er fünf Mark in der Woche. „Ich habe ja nicht geraucht, aber es gab ja auch Raucher. Die haben für eine Zigarette von den Amerikanern manchmal fünf Mark gezahlt, das war für mich quasi ein Wochenlohn."

Ria Wessinger arbeitet derweil weiterhin als Putzhilfe in der Metzgerei und hilft auch in der Bäckerei Weidenweber in der Diesterwegstraße. Vater Fritz ist wieder in der Alteisenhandlung von Herrn Nagel untergekommen. Lilo beginnt nach dem Schulbesuch eine Ausbildung in der Schule für Kinderpflegerinnen und Helmut macht seine Ausbildung zum Kfz-Mechaniker. Direkt nach Kriegsende hatte die Familie überlegt, aus Deutschland auszuwandern. Als die jüdische Gemeinde 1948 mitteilt, dass eine Einreise nach Israel nun möglich sei, entscheidet sich die Familie dagegen. Die Wessingers sind auch emotional wieder in Frankfurt angekommen und haben beruflich Fuß gefasst. Jetzt wollen sie nicht mehr weg aus ihrer Heimatstadt.

Was kann man überhaupt wiedergutmachen?

An die Kindertage, als Helmut im Dom regelmäßig als Messdiener Dienst geleistet hat, knüpft er nach seiner Rückkehr nach Frankfurt nicht mehr an. Der Katholischen Kirche bleibt er aber verbunden, auch wenn die Erinnerung, dass auch der Dompfarrer Herr ihn nicht vor der Deportation schützen konnte, schmerzt. „Ich bin heute ein frommer Katholik, der zwar nicht regelmäßig in die Kirche geht, aber jeden Tag mit dem da oben spricht und sich bedankt, dass es mir noch so gut geht", fasst Helmut seine Verbindung zu Gott zusammen. Zum Judentum hält er stets Distanz, er besucht nach dem Krieg die Westendsynagoge, ihm wird die Thora gezeigt und der Gebetsraum. „Das wollte ich mir mal anschauen. Aber ich war ja auch während der Zeit im Waisenhaus und im Philanthropin vom Religionsunterricht befreit, weil ich gar kein Hebräisch konnte. Neulich hat mich eine Dame von der Seniorenzeitung besucht, da war das jüdische Neujahrsfest. Das wusste ich gar nicht, in der jüdischen Religion kenne ich mich überhaupt nicht aus. Das einzige Wort, das ich weiß, heißt Mazel Tov, das bedeutet ‚viel Glück'. Und Mischpoke und Schalom kenn ich natürlich auch."[121]

1947 erhält Helmut für das erlittene Unrecht während der Verfolgung eine Wiedergutmachungszahlung als Vorleistung aus dem „Sonderfondsgesetz vom 24. Juni 1947" in Höhe von 2.011 Reichsmark. Von August 1948 bis September 1950 vermittelt ihm die „Betreuungsstelle für politisch, rassisch und religiös Verfolgte" eine monatliche Erziehungsbeihilfe in Höhe von 50 DM. Trotzdem bleibt die finanzielle Lage prekär. Die Familie muss sich nach und nach einen neuen Hausstand aufbauen, immer wieder fallen unerwartete Ausgaben an. 1948 und 1949 stellt Helmut Anträge auf „Gewährung einer einmaligen Beihilfe für Zahnersatzkosten". Die Anträge werden genehmigt. Im November 1948 stellt er einen „Antrag auf Gewährung für Beihilfe zur Abwehr eines Notstands". Er begründet den Antrag mit der Krankheit seines Stiefvaters und dem dringenden Bedarf eines Mantels und eines Anzugs. Der Antrag wird von der „Betreuungsstelle für politisch, rassisch und religiös Verfolgte" genehmigt, Helmut erhält eine einmalige Beihilfe in Höhe von 100 DM. Im Juli 1949 erhält er von der gleichen Stelle 300 DM für die Anschaffung von Kleidung und einem Bett.[122]

Am 11. Januar 1957 entscheidet die Entschädigungsbehörde des Regierungspräsidenten in Wiesbaden, dass Helmut nach dem „Bundesgesetz zur Entschädigung für Opfer der nationalsozialistischen Verfolgung vom 29. Juni 1956" eine „Soforthilfe als Rückwanderer in Höhe von 6.000 DM" zusteht. Aus diesem Betrag werden 1.400 DM Vorleistungen abgerechnet, so dass Helmut im Januar 1957 von der Behörde 4.600 DM bekommt. Im Februar 1957 wird ihm vom Regierungspräsidium „wegen unterbrochener und nicht nachgeholter Ausbildung eine Entschädigung in Höhe von 5.000 DM" zugesprochen. Im gleichen Monat entscheidet die Entschädigungsbehörde erneut auf Grundlage des Bundesgesetzes zur Entschädigung für Opfer der nationalsozialistischen Verfolgung: „Wegen Freiheitsbeschränkung wird eine Geldentschädigung in Höhe von 6.150 DM festgesetzt. Die Fälligkeit des Betrages ergibt sich aus § 169 Abs. 2 BGB. Sachverhalt: Der Antragsteller ist ‚Jude' im Sinne der sog. Nürnberger Rassengesetze gewesen. Er hat deshalb vom 19. September 1941 bis zum Tage seiner Deportation nach dem KL Theresienstadt, nämlich am 14. Februar 1945, den Judenstern tragen müssen. Für die Zeit seiner Inhaftierung ist bereits für zwei volle Monate

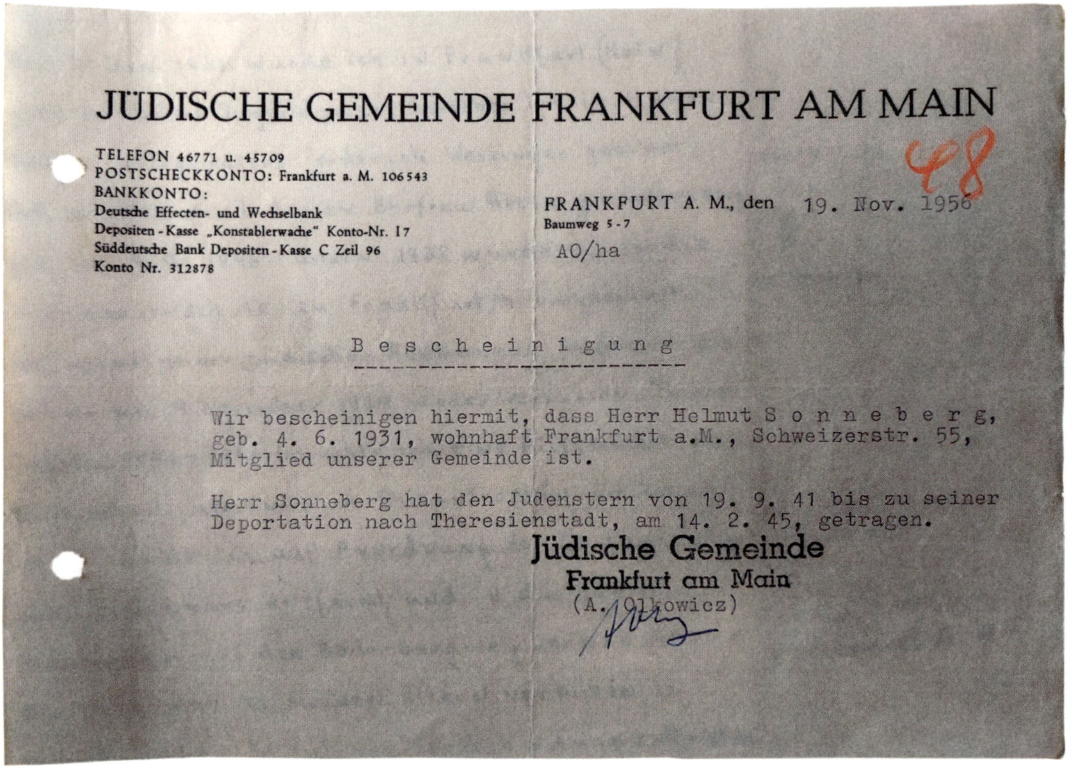

JÜDISCHE GEMEINDE FRANKFURT AM MAIN

TELEFON 46771 u. 45709
POSTSCHECKKONTO: Frankfurt a. M. 106543
BANKKONTO:
Deutsche Effecten- und Wechselbank
Depositen-Kasse „Konstablerwache" Konto-Nr. 17
Süddeutsche Bank Depositen-Kasse C Zeil 96
Konto Nr. 312878

48

FRANKFURT A. M., den 19. Nov. 1956
Baumweg 5-7

AO/ha

B e s c h e i n i g u n g

Wir bescheinigen hiermit, dass Herr Helmut S o n n e b e r g, geb. 4. 6. 1931, wohnhaft Frankfurt a.M., Schweizerstr. 55, Mitglied unserer Gemeinde ist.

Herr Sonneberg hat den Judenstern von 19. 9. 41 bis zu seiner Deportation nach Theresienstadt, am 14. 2. 45, getragen.

Jüdische Gemeinde
Frankfurt am Main
(A. Olkowicz)

Im Rahmen des Entschädigungsverfahrens bestätigt die Jüdische Gemeinde, dass Helmut ab 19. September 1941 den diffamierenden Judenstern tragen musste.

eine Haftentschädigung gewährt worden. Unberücksichtigt an dieser Haftzeit blieben 22 Tage. Der Antragsteller beantragt nun für die Zeit, in der er gezwungen war, den Judenstern zu tragen, die Gewährung einer Entschädigung nach §§ 47 ff BEG. Wegen der weiteren Einzelheiten wird auf den gesamten Akteninhalt, insbesondere die Bescheinigung der Jüdischen Gemeinde vom 2.10.1956 hingewiesen."[123]

Die Jüdische Gemeinde Frankfurt hatte Helmut am 2. Oktober 1956 schriftlich bestätigt, dass er vom 19. September 1941 bis zu seiner Deportation einen Judenstern tragen musste. In der Entscheidungsbegründung wird vermerkt: „Der Antragsteller war aus Gründen der Rasse gezwungen, vom 19. September 1941 bis 14. Februar 1945 den Judenstern zu tragen. Er hat deshalb Anspruch auf Entschädigung die pro vollen Monat = 30 Tage 150 DM beträgt. Im vorliegenden Fall zzgl. 22 Resttagen wg. Freiheitsentschädigung im KZ Lager Theresienstadt für 41 volle Monate. Die Entschädigung beträgt hierfür 41 x 150 DM = 6.150 DM. Im Februar 1957 erhält Helmut noch einmal 11.500 DM ausgezahlt.[124] An die Entschädigung erinnert sich Helmut gut: „Das Geld habe ich zur Seite gelegt. Nachdem ich ausgelernt hatte, konnte ich mit der ersten Zahlung meinen Führerschein finanzieren, von der großen Summe habe ich mir einen Volkswagen gekauft, einen Käfer." Den Käfer wird er 1959 zum Endspiel um die Deutsche Meisterschaft nach Berlin kutschieren.

Kicken im Verein

Im Haus in der Schweizer Straße, in dem die Wessingers einquartiert sind, wohnt auch ein begeisterter Fußballfan. „Der Herr war im Krieg Hauptmann gewesen, der ist immer zum Fußball gegangen. Und der hat mich gefragt, ob ich mal mitkommen möchte zum Fußball. Er hat mich dann mitgenommen und ich war sofort infiziert. Wir haben ja auch als Buben schon auf der Straße Fußball gespielt, da waren ja keine Autos. 1946 gab es in der Schweizer Straße ein Auto, das gehörte dem Metzger."[125]
Welches Fußballspiel Helmut als Erstes gesehen hat, ist leider nicht mehr zu klären. Zeit seines Lebens erinnerte er sich an einen 9:2-Sieg der Eintracht auf den Sandhöfer Wiesen, gefolgt von einem 0:6 gegen den FSV Frankfurt, in Helmuts Erinnerung war das 1946/47. Tatsächlich hat die Eintracht gegen den FSV Frankfurt mit 0:6 verloren, das war aber bereits am 9. Dezember 1945 in der neugegründeten Oberliga Süd. Davor fand auch ein Spiel der Eintracht auf den Sandhöfer Wiesen statt, das erste Spiel der „ehemaligen Eintracht" nach Kriegsende endete aber gegen die SG Niederrad 3:3.
Helmut jedenfalls begeistert sich für den Fußball. Auch in seinem Ausbildungsbetrieb ist Fußball Thema. Gemeinsam mit anderen Lehrlingen kickt er in der Mittagspause. Irgendwann beschließen die Jungs, sich in einem Verein anzumelden. Die Auswahl besteht zwischen Germania 94, Rot-Weiss, dem FSV Frankfurt und der Eintracht. „Die Eintracht hat schon immer, auch in den Jahren nach dem Krieg, einen anderen Fußball gespielt, einen technischen Fußball. Die Eintracht war in der Süddeutschen Liga, und da hat man gesagt, das ist die süddeutsche Fußballschule. Da haben der VfB Stuttgart, Fürth, Nürnberg, die Eintracht und 1860 München einen technisch feinen Fußball gespielt. Und mir hat das ein bisschen mehr gefallen bei der Eintracht, der FSV hat englisch gekickt, steil nach vorne, hinten dicht und vorne machts der liebe Gott. Die Eintracht hat spielerische Akzente gesetzt, das hat mir auch besser gelegen. Weil ich sowieso nicht der Kräftigste war, ich konnte gar nicht so weit kicken, sondern eben nur so 20 Meter, so ein bisschen. Da habe ich mir das überlegt, dann habe ich gesagt, ich geh zur Eintracht."[126] Auch dass die Eintracht in Frankfurt als „Judenverein" gilt, beeinflusst Helmut in seiner Entscheidung: „Die Eintracht war im Volksmund auch nach

dem Krieg der Judenverein. Und da habe ich mich wohlgefühlt, ist doch klar. Wenn der Volksmund sagt, die Eintracht ist ein Judenverein, da hat man gleich ein bisschen mehr Zugang."[127]

Ria ist nicht begeistert, dass der Sohn zukünftig Fußball spielen möchte, sie macht sich vor allem Sorgen um die Kosten, die entstehen. Trotzdem fährt Helmut in die Taubenstraße 2, wo sich die provisorische Geschäftsstelle der Eintracht befindet. Das Vereinsstadion am Ratsweg 14 ist bei den großen Oktoberangriffen 1943 zerstört worden, der Verein ist nach dem Krieg heimatlos und auf der Suche nach einer neuen Bleibe. Am Rosegger-Sportplatz an der Eschersheimer Landstraße, dem alten Vereinsgelände des Eintracht-Vorgängers Frankfurter Fußballverein, hat der Verein vorübergehend eine Heimat gefunden. Die alte Holztribüne, die noch aus den 1910er Jahren stammt, fasst gerade mal 600 Personen und ist marode.

„Einige Wochen, nachdem ich bei der Autounion angefangen habe, habe ich mich bei der Eintracht angemeldet. Ich bin also eines Morgens in die Taubenstraße gefahren, da war die Geschäftsstelle der Eintracht. Da habe ich geklingelt an einer ganz normalen Wohnung. Es kam ein Mann mit zwei Krücken, der hatte nur noch ein Bein, und machte die Tür auf. ‚Guten Morgen', sagt er, ‚du musst einen Moment warten, Bubsche'. Ich habe einen Moment gewartet, da war so ein Vorplatz, ein Flur. Der Mann geht also die eine Tür rein, dann geht die andere Tür auf. In der Tür war ein Brett, das hat er einfach runtergeklappt. Das war der Schreibtisch. Er im Raum, ich im Flur. Und das war dann die Geschäftsstelle der Eintracht. Ich habe gesagt, ich möchte Mitglied bei der Eintracht werden, er hat mich dann gefragt, ‚Wie alt bist du denn?' Ich habe geantwortet, dass ich 15 Jahre alt bin. Da hat er gleich gesagt, ‚Da musst du eine Genehmigung von deiner Mutter mitbringen'. Und der Beitrag hat, glaub ich, 50 Pfennig gekostet. ‚Und dann findest du dich am Freitagabend ein in der Klingerstraße bei der Gaststätte Dietrich, da ist abends die Spielersitzung der Jugendabteilung'. Ich habe mir dann die Genehmigung von meiner Mutter unterschreiben lassen und bin freitags abends in die Klingerstraße. Da musste erst ein Spielerpass beantragt werden. Und so habe ich dann angefangen, bei der Eintracht Fußball zu spielen."[128]

Der Mann, der Helmuts Mitgliedsantrag entgegennimmt, ist Hans Moeser-Goehring, einer der beiden Geschäftsführer des Vereins. Moeser-Goehring ist ein Eintracht-Urgestein, er ist seit 1931 Mitglied im Verein, als Jugendlicher war er in der Leichtathletikabteilung aktiv. 1946 hat Moeser-Goehring, der als Soldat ein Bein verloren hat, in seinem Privathaus in der Taubenstraße die erste Eintracht-Geschäftsstelle nach dem Krieg eröffnet. An den Klapptresen, über den auch Eintrittskarten zu Spielen verkauft wurden, erinnerten sich viele Eintrachtler.[129]

Die ersten Schuhe vom Fußballstar

Helmuts Mutter besteht darauf, dass Helmut die 50 Pfennig Monatsbeitrag selbst bezahlt. Als Lehrling kann er sich das leisten. Freitags abends geht Helmut in die Sportzentrale Dietrich zur Spielersitzung. Er erinnert sich, dass da ungefähr 50 Jungs waren. Helmut erhält seinen Spielerpass und trinkt eine Cola. „Der Ober, der die Getränke gebracht hat, war der Opa vom Journalisten Thomas Kilchenstein. Und dann bin ich erstmal in die B4-Jugend gekommen."[130] Die Spielersitzung wird geleitet von Wilhelm Ewald, der von allen nur Willi genannt wird. Schon seit 1930 war er Vereinsjugendwart der Eintracht. Im Mai 1933 war Willi Ewald der NSDAP beigetreten, im gleichen Jahr auch der Deutschen Arbeitsfront. 1937 war die gesamte Sportjugend in die Hitlerjugend integriert worden, seitdem war Ewald auch bei der Hitlerjugend, von 1939 bis 1940 als Oberscharführer. Bei der Eintracht mitspielen durfte nach den Regularien fortan nur noch, wer auch in der Hitlerjugend seinen Dienst machte. Nach Kriegsende, nachdem die Vereine von den Alliierten verboten wurden und ihre Neuzulassung beantragen mussten, durfte Ewald bei der Eintracht zunächst einmal nicht mehr mitarbeiten. Mittlerweile entwickelt sich das Vereinsleben wieder und auch die Eintracht braucht Mitarbeiter, die beim Wiederaufbau helfen. So kümmert sich Ewald wieder um die Jugend. Als der Vorstand davon Kenntnis bekommt, wird Ewald umgehend verboten, sich weiter zu betätigen. Erst nach erfolgter Entnazifizierung kann sich Ewald 1948 wieder in der Jugendabteilung der Eintracht engagieren. 1954 wird er zum Geschäftsführer ernannt.[131]

Seine ersten Fußballschuhe erhält Helmut über den Spielausschuss-Vorsitzenden Emanuel Rothschild. Rothschild war eigentlich auch für die Deportation nach Theresienstadt vom Februar 1945 vorgesehen, er ist mit seiner Frau damals aber untergetaucht und hat den Krieg in einem Versteck überlebt. Rothschild ist Jude, er lebte im Nationalsozialismus mit seiner christlichen Frau in einer „Mischehe". Emanuel Rothschild, der schon vor 1933 Mitglied der Eintracht war, gehört nach Kriegsende zu den „Neugründern" der Eintracht. Als Verfolgter des NS-Staates ist er prädestiniert, die erforderliche Lizenz zur Neugründung zu beantragen, von der Eintracht wird er zum Spielausschuss-Vorsitzenden bestimmt.[132] Beruflich arbeitet Emanuel Rothschild bei der Jüdischen Betreuungsstelle Frankfurt/Main, die sich um die Verfolgten des Nationalsozialismus kümmert. Nach Kriegsende hatte die Stadt Frankfurt zur Koordinierung von Hilfsmaßnahmen beim Frankfurter Fürsorgeamt eine „Abteilung für Sonderfälle" eingerichtet, die sich ausschließlich um rassisch, politisch und religiös verfolgte Menschen kümmerte. Dieser wurde 1946 eine „Jüdische Betreuungsstelle" untergeordnet.[133] Auch hier kommt Emanuel Rothschild mit Helmut und seiner Familie in Kontakt, in einem undatierten Verzeichnis zu Personen die in der NS-Zeit „aus politischen, religiösen oder sog. rassischen Gründen verfolgt wurden, in der Emigration überlebten oder von den Alliierten befreit wurden", tauchen Helmut und seine Mutter Recha auf. Die Liste wurde von der Betreuungsstelle Frankfurt zusammengestellt.[134]
Helmut erinnerte sich gut an Emanuel Rothschild, der schon mit seiner Mutter in der Schule war. „Meine Mutter ist mit Emanuel zur Schule gegangen, sie kam aus Freigericht, er aus Hörstein – und die Schule war in Alzenau. Sie hat immer vom ‚kleinen Rothschild' gesprochen, er war ja ein eher kleiner Mann. Als ich zur Eintracht kam, hat sie gesagt, ich solle mich an ihn wenden und fragen, ob er mir Fußballschuhe besorgen kann. Ich habe ihn dann am Bornheimer Hang angesprochen: ‚Herr Rothschild, ich bin der Helmut Sonneberg ...' Da war er gleich Feuer und Flamme, ‚Ach, Sonneberg ... ich kenn deine Mutter'. Er hat mir dann gesagt, dass er keine Fußballschuhe habe, aber ich solle mal bei Karl Röll nachfragen. Das war ein Spieler der Eintracht, der hat mir dann ein paar Fußballschuhe mit Stahlkappen besorgt."[135] So bekommt Helmut sein

Emanuel Rothschild (Mitte) mit Frau Kast, Frau Heilig, Adolf Bechtold und Werner Heilig. Das Bild wurde bei den Feierlichkeiten zum 60. Geburtstag der Eintracht 1959 aufgenommen.

erstes Paar Fußballschuhe von einer Eintracht-Legende. Karl Röll spielte seit 1936 in der ersten Mannschaft der Eintracht, auch in der Saison 1945/46 absolvierte er acht Ligaspiele und erzielte mindestens zwei Tore.

Am Rosegger spielt Helmut zunächst in der B4-, später in der B3- und B2-Jugend. Er spielt zusammen mit Hansi Neff, Richard Peters, Karl Zapfert, Schorsch Braun und Helmut Oechsner. Hans Neff gelingt der Sprung in die erste Mannschaft, in der Saison 1948/49 bestreitet er vier Liga-Spiele für die Eintracht. „Dass ich nicht groß rauskommen würde, war mir schon klar. Fußballerisch hat mir ja das Grundwissen gefehlt. Andere Kinder hatten auf der Straße gekickt, das habe ich ja nie gekonnt. Ich habe nie eins gegen eins dribbeln gelernt, oder einen gescheiten Kopfball … Auch das Zweikampfverhalten hat mir gefehlt, dafür war ich viel zu schmächtig. Aber rennen konnte ich", erinnert sich Helmut an seine aktive Fußballzeit. „Man darf sich selbst beim Fußball nicht überschätzen. Diese Selbstüberschätzung habe ich nicht gehabt. Ich war kein guter Techniker, aber ich konnte 90 Minuten laufen, laufen, laufen."[136]

„Der Zusammenhalt war einmalig"

Doch bevor gekickt wird, muss von der Jugend vor dem Training oft noch Ordnung gemacht werden. Karl Schildger, der strenge Platzwart, schickt die jungen Leute erstmal Papier und Dreck einsammeln. Erst wenn das erledigt ist, gibt es den Ball. Und, wie so viele Eintrachtler, die am Rosegger gespielt haben, erinnert sich Helmut an die Holztribüne. „Klar, die Astlöcher haben wir Jungs schnell entdeckt. Wenn die Handballmädchen geduscht haben, sind wir an die Holzplanken und haben durch die Astlöcher in die Dusche gelinst."[137]

Auch ohne durchschlagenden Erfolg spielt Helmut mit großer Begeisterung bei der Eintracht, später in der A3- und A2-Jugend, danach zweite Junioren und zuletzt dritte Amateurmannschaft. „Mir hat vor allem der Zusammenhalt gut gefallen. Der Mannschaftsgeist, dieses Gefühl, einer ist für den anderen da. Das ging ja auf dem Platz so. Ich habe linker Läufer gespielt, und wenn da einer kam, da haben die geschrien, ‚Sonny, geh da hin'. Da hat sich einer für den anderen eingesetzt. Das hat mir halt Spaß

gemacht. Und dann haben wir uns nach dem Spiel getroffen und auch mal ein Bier getrunken. Dann sind wir nach Hause gefahren, und zwei Stunden später haben wir uns wieder getroffen, weil die erste Mannschaft der Eintracht gespielt hat. Wir haben ja sonntags morgens entweder um 9 Uhr oder um 11 Uhr gekickt. Damals waren die Liga-Spiele noch sonntags um 15 Uhr nachmittags. Also, nach dem eigenen Spiel nach Hause gefahren und wieder hingefahren. Der Zusammenhalt war einmalig."[138]
Helmut wird Stammgast bei den Ligaspielen der Eintracht. Durch seine Mitgliedschaft muss er keinen Eintritt zahlen, Vereinsmitglieder können am Rosegger und später auch am Riederwald umsonst ins Stadion. Er muss nur darauf achten, jeden Monat seinen Beitrag zu entrichten. Denn wenn das Zahlmärkchen nicht eingeklebt ist, muss man Eintritt zahlen. Helmut geht nicht nur zum Fußball: „Ich war prinzipiell sportbegeistert. Die Leichtathleten der Eintracht haben mich auch immer beeindruckt. Heinz Ulzheimer, Margot Glöckner, Friedel Pfeiffer. Denen habe ich auch bei Wettkämpfen oder beim Training zugeschaut. Gegen Ulzheimer bin ich mal gerannt, der war ja doppelt so schnell wie ich. 1948 wurde er Deutscher Meister in den 800 Metern und in der 3 x 1.000-Meter-Staffel."[139]

Eislaufen mit Marika Kilius

Bei der Badeanstalt Mosler an der Parkanlage Nizza am Main ist eine Rollschuhbahn, hier spielt eine Rollhockey-Mannschaft. Helmut, der schon als Kind oft bei Mosler war, schaut sich auch diese Spiele an. Auf der Bahn sieht er auch Marika Kilius und Franz Ningel auf Rollschuhen trainieren. Als die beiden später auf der Eisfläche in Bad Nauheim trainieren, fährt er sonntags früh nach Bad Nauheim, um ihnen zuzuschauen. Frankfurt verfügt zu dieser Zeit noch über keine Eislauffläche. Doch es gibt Planungen für eine Kunsteisbahn in Frankfurt, denn die Stadt ist trotz fehlender Trainingsflächen eine Hochburg des deutschen Eiskunstlaufs. Schlittschuhläufer müssen im Bad Nauheimer Eisstadion oder auf der amerikanischen Eisbahn auf dem Rhein-Main-Flughafen trainieren. Die Aktiven des Frankfurter Roll- und Eissport-Clubs können in Bad Nauheim nur vier Stunden pro Woche trainieren. Kilius und Ningel, die ebenfalls für

Mannschaftsfoto auf den Trainingsplätzen vor dem Stadion, im Hintergrund die alte Haupttribüne mit klassizistischer Fassade. Helmut steht rechts.

den FREC starten, werden 1955, 1956 und 1957 deutsche Paarlaufmeister – ohne Eisbahn in Frankfurt. Am 17. Dezember 1959 beschließt die Stadtverordnetenversammlung endlich den Bau von zwei 30 x 60 Meter großen Pisten im Innenraum der Radrennbahn im Stadion. Die Anlage, die insgesamt zwei Millionen DM kostet, wird im Dezember 1960 feierlich eröffnet.[140] Bereits 1959 gründet die Eintracht eine Eishockeyabteilung, die in der Radrennbahn heimisch wird.

Kein Rasierapparat

Helmut begeistert sich auch für Eishockey, bei der Eintracht hilft er als Zeitnehmer. „Ich saß da am Rand und hatte eine große Stoppuhr. Die musste ich bei Strafen drücken. Das habe ich ein oder zwei Saisons gemacht, in der Kälte in der Radrennbahn. Da gab es kein Dach, wenn es geregnet hat, warst du nass. Und gefroren hast du immer. Ich habe auch mal versucht, Schlittschuh zu laufen. Da hab ich mir ein Kissen um den Po geschnallt und habe mir beim Bernd Häusel ein paar Schlittschuhe geliehen. Als Pfand musste man den Personalausweis abgeben. Ich gebe ihm den Personalausweis, gebe die Schuhe nach dem Laufen zurück – und vergesse, den Ausweis zurückzuholen. Abends haben wir uns an der Ecke Neue Mainzer Landstraße/Mainkai in einer Kellerkneipe getroffen. Da haben wir mit Mädchen getanzt und Musik gehört. Ich will nach Hause fahren und habe die Mädchen heimgefahren. Wir waren sieben Leute in meinem Käfer, natürlich hat mich die Polizei angehalten. Und ich hatte keine Papiere. Ich habe gesagt, ich habe die Papiere zu Hause. Wir also nach Hause, ein Polizist ist mit hoch, aber die Papiere waren ja noch in der Radrennbahn. Da wurde das Auto beschlagnahmt und in der Eckenheimer Landstraße eingelagert. Erst nach drei Tagen ist mir eingefallen, dass die Papiere in der Radrennbahn waren. Da habe ich das Auto zurückbekommen und hatte Glück, dass ich nicht noch eine Strafe wegen Überladung des VW bekommen habe."[141]

Helmuts Wochenenden bestehen Mitte der 1950er Jahre nur aus Sport: „Ich war überall, das Wochenende war bei mir geprägt: Freitagabends in Schwanheim in der Turnhalle Handball geschaut. Samstags oder sonntags vormittags Jugendspiele. Samstagabend

Boxen in der Comeniusschule. Sonntagvormittag Tischtennis oder Fußball, Sonntagnachmittag die Eintracht. Die Tischtennisspielerin Lotti Franz habe ich persönlich kennengelernt, weil ihr Mann auf der Rollschuhbahn Mosler Trainer war. Mit der Lotti habe ich mal gespielt, die hat mich um die Platte gejagt, ich wusste ja nicht, dass sie Deutsche Meisterin war. Romme Rozenberg, den großen Boxer, habe ich auch öfter gesehen. Der war nur drei Jahre älter als ich und wurde von den Nazis auch verfolgt, er war Jude. Er hat die Konzentrationslager überlebt und kam nach dem Krieg nach Frankfurt.[142] Zu der Zeit hatte auch der FSV eine Boxstaffel, da haben die Gebrüder Bettendorf geboxt. Wenn nichts los war, bin ich zu SAFO an der Mörfelder Landstraße, Hockey schauen. Der Frankfurter Sportclub Sachsenhausen Forsthausstraße hat eine große Hockey-Tradition. Da war der Karl Dröser, der war Torhüter der 1936er Olympiamannschaft. Zum Hockey bin ich immer wieder, an der Sandhöfer Wiese oder an der Buchenrode. Ich habe auch mal Hockey gespielt, aber das war nichts für mich. Ich bin jähzornig, und da hätte ich jemandem den Schläger in die Füße geschlagen.“ Tischtennis ist friedlicher, deswegen spielt Helmut mehr Tischtennis. Er nimmt an einem Turnier teil, das vom späteren Eintracht-Sponsor Remington in der Fabrik in Rödelheim gespielt wird. „Ich wurde Vierter Stadtmeister von Frankfurt. Ich wollte unbedingt einen Elektrorasierer gewinnen. 100 Leute haben mitgemacht, ich kam unter die letzten 16. Dann war ich unter den letzten acht. Dann war ich unter den letzten vier. Die Rasierapparate haben schon dagestanden, das waren die Preise eins bis drei. Ich wurde Vierter und habe hinterher geflennt vor Wut.“[143]

Doch am liebsten spielt Helmut Fußball, weiterhin bei der Eintracht. Erst mit Mitte 30 hört er mit dem aktiven Fußball auf. „Bei der Eintracht gab es da nur noch eine Sondermannschaft, da waren nur Topspieler dabei. Da konnte ich nicht mithalten und da habe ich aufgehört. Außerdem habe ich mit 32 Jahren geheiratet, da fehlte dann auch ein bisschen die Zeit.“ Mitte der 1960er Jahre beendet Helmut seine Fußballerkarriere. Mittlerweile ist er selbst Vater geworden – und außerdem längst einer der bekanntesten Fans der Frankfurter Eintracht.

20 Berufe

Nach dem missglückten Intermezzo mit der geplanten Bäckerlehre findet Helmut an der Ausbildung zum Automechaniker mehr Freude. Seine Begeisterung für Technik hilft ihm dabei, er arbeitet fleißig und genau und beendet seine Ausbildung 1949 erfolgreich. Die Autounion übernimmt ihn nach der Lehre, doch er verdient nur 85 Pfennig pro Stunde. Helmut schaut sich nach besser bezahlten Stellen um und findet in einer Zeitung eine Stellenanzeige, in der ein „Maschinist" gesucht wird. Der Stundenlohn bei der angebotenen Stelle beträgt 1,65 DM, mehr als doppelt so viel wie bei der Autounion. Helmut bewirbt sich um die Stelle und kommt im Januar 1950 bei den Gebrüdern Stoy unter. „Da musste ich viel draußen arbeiten, ich war ja schmächtig und es war eiskalt. Eines Abends hat mich der Polier gefragt, ob ich eine Stunde länger Zeit hätte. Ich sollte Überstunden machen. Da kam ein Lastwagen mit 200 Sack Zement. Der Polier stand auf dem Anhänger und ich musste alle 200 Säcke in die Baubude schleppen. Danach war meine ganze Schulter kaputt. Am nächsten Morgen musste ich die Maschine mit Zement befüllen. Irgendwann hat er mir die Schaufel aus der Hand gerissen und die Maschine selbst gefüllt und gebrüllt ‚Bei uns wird so gearbeitet'. Da habe ich ihm die Schaufel wieder aus der Hand genommen und gesagt, ‚Ich kündige!' Er hat dann erwidert, das hätte er nicht so gemeint, und er wäre vielleicht ein wenig laut gewesen. Und vielleicht wäre ich auch nicht geeignet für die schwere körperliche Arbeit. Ich könne ab morgen als Kalfaktor[144] arbeiten. Und ab dem Moment musste ich keine schweren körperlichen Arbeiten mehr machen, ich habe das Frühstück für die Belegschaft organisiert, Botengänge gemacht oder Sachen vorbereitet."[145]

Einige Monate später berichtet ein Freund, dass am Flughafen Mitarbeiter gesucht werden. Helmut und sein Freund fahren mit dem Fahrrad zum Flughafen und erkundigen sich bei der FAG. Die beiden bewerben sich bei der Luftlinienbodendienst Agentur LUBOAG, die am expandierenden Flughafen Bodenverkehrsdienstleistungen anbietet, die LUBOAG kümmert sich um Be- und Entladungen, Betankungen, Enteisungen und die Reinigung der Flugzeuge.[146] Helmut und sein Freund kriegen den Job, Helmut wird abgestellt für die US-amerikanische Fluggesellschaft TWA. Er reinigt ab 1951 die

Flugzeuge der TWA, saugt den Boden, macht die Betten, verteilt Prospektmaterial. Kurz, er sorgt dafür, dass sich die Passagiere in den Fliegern wohlfühlen und den angenehmen Luxus genießen können.

Erster Urlaub und Feuerwehrmann

In dieser Zeit fährt Helmut auch zum ersten Mal in seinem Leben in Urlaub. Mit einem Freund geht es nach Ramsau bei Berchtesgaden. „Mein Kumpel Horst war ein ganz verrückter Hund. Der wollte auf alle Berge. Also sind wir auf die Reiteralm, auf den Hohen Göll und auf den Watzmann geklettert. Wir sind über die Mittelspitze auf die Südspitze, dann sind wir wieder abgestiegen. Das war mein erster Urlaub und das war ganz toll. Wir waren damals 14 Tage unterwegs und sind mit dem Bus nach Ramsau gefahren, der ganze Urlaub hat damals 115 DM gekostet. Das war ein Vermögen."[147]

Die Stelle beim Flughafen ist gut bezahlt und macht Spaß, trotzdem interessiert sich Helmut für einen Aushang, den er 1952 entdeckt. Die FAG sucht für die Erweiterung der Feuerwache neue Mitarbeiter. Gesucht werden junge Leute mit abgeschlossener Berufsausbildung. Gemeinsam mit seinem Freund bewirbt sich Helmut bei der Flughafenfeuerwehr. „Wir mussten eine Aufnahmeprüfung machen. Ich musste den Prüfer über zwei Stockwerke schleppen. Das konnte ich ja gar nicht. Nach sechs, sieben Stufen hat er gesagt, ‚Lass mal gut sein'. Dann musste ich auf eine 30 Meter hohe Leiter klettern und mich oben einhaken. Das habe ich einigermaßen hinbekommen. Jedenfalls wurde ich angenommen. Vielleicht wussten die aber auch was von meiner Geschichte."[148] Auch sein Freund wird genommen, und so landen die beiden bei der Flughafenfeuerwehr. Hier gibt es für Helmut wieder viele handwerkliche Aufgaben, mal arbeitet er in der Schlosserei, mal in der Schreinerei oder in der Weißbinderei. Nachts muss er manchmal Wache auf dem Aussichtsturm schieben. Da nachts keine Flieger starten und landen, ist der Wachdienst sehr langweilig. Helmut erinnert sich, dass er zu der Zeit viel geflirtet hat, er hat nächtelang mit Mädchen telefoniert. Als Mitarbeiter der Flughafenfeuerwehr wird Helmut 1959 auch Deutscher Meister mit der Eintracht. „Der

Löschübung der Flughafenfeuerwehr Frankfurt. Helmut steht in der Mitte an der Spritze.

Chef der Werkstätten der Feuerwehr war ein glühender Eintrachtler. Als wir Meister wurden, war im ‚Flughafenblättchen' ein Foto von mir aus Berlin, darunter stand: ‚Eine Abordnung des Flughafens war auch da'." Das angesprochene Foto konnte nicht gefunden werden, aber die Firmenzeitung „Der Flughafen" berichtet in ihrem „Mitteilungsblatt für die Angehörigen der Flughafen Frankfurt/Main Aktiengesellschaft" in der Ausgabe 4/1959 auf Seite 7: „29. Juni: Die beiden Endspielteilnehmer, die Mannschaften des Deutschen Meisters, Eintracht Frankfurt, und des deutschen Vizemeisters, Kickers Offenbach, kehren mit verschiedenen Flugzeugen aus Berlin zurück und werden von zahlreichen Anhängern stürmisch empfangen, bevor sie in triumphalen Zügen durch die beiden Nachbarstädte geleitet werden. (...) Augenzeugen des Endspiels berichten, dass besonders die Schlachtenbummler-Delegation der Flughafen Frankfurt/Main AG (ein Herr im schwarzweißen Anzug!) einen beträchtlichen Eindruck beim Berliner Publikum hinterlassen haben."[149]

Taxifahrer und Kneipier

Nach neun Jahren Flughafen sucht Helmut 1960 eine andere Betätigung. Es hat ihm dort immer gefallen, aber er fühlt sich auf dem Gelände eingesperrt, er will wieder mehr raus. Er wird Verkaufsfahrer bei der Firma Münstermann, die in Krefeld beheimatet ist. Der Firmengründer Willi Münstermann hatte 1936 den Krefelder EV 36 gegründet, der noch heute als Krefeld Pinguine Eishockey in der DEL2 spielt. Nach einem halben Jahr im Unternehmen baut Helmut einen Unfall, 40 Kisten Eier sind zerstört, er selbst hat einen verstauchten Arm. Sein Chef versetzt ihn daraufhin ins Lager. Helmut kündigt sofort. Er geht zur Firma Kraft in der Flinschstraße, wo er wieder als Verkaufsfahrer angestellt wird. Schon nach wenigen Wochen kriegt er sich beim Beladen des Wagens mit einem Vorgesetzten in die Haare. „Der kam in einem weißen Kittel an und hat mich mit seinem schwäbischen Dialekt angebabbelt. Als er aus dem Auto raus ist, habe ich ihn geschubst. Da hat er sofort gesagt, ‚Du wirst entlassen'. Ich habe ihm gesagt, nein, ich kündige. Ich bin direkt ins Personalbüro und habe gesagt, dass ich kündige. Das stand dann auch in meinem Zeugnis, ‚auf eigenen Wunsch'."[150]

Nach den beiden missglückten Versuchen, als Verkaufsfahrer erfolgreich zu sein, macht sich Helmut noch 1960 als Mietwagen- und Taxifahrer selbständig. Fünf Jahre lang chauffiert er Messegäste, Urlauber und Geschäftsleute durch Frankfurt und Umgebung. Das Taxifahren macht ihm viel Freude und wird ihn zeit seines Lebens nicht mehr loslassen. Im Taxi lernt er auch seine erste Frau Anita kennen. Doch auch das Taxifahren erfüllt ihn nur vorübergehend, Mitte der 1960er Jahre beschließt er mit einem Freund, in der Mainzer Landstraße 181 eine Gaststätte zu eröffnen. Die Kneipe läuft sehr gut, doch 1971 wird das Areal vom Frankfurter Immobilieninvestor Josef Buchmann übernommen. Der Geschäftsmann bietet ihnen 80.000 DM, wenn sie ihre Kneipe aufgeben. Helmut und sein Partner willigen ein, mit dem Geld übernehmen sie in der Münchener Straße das Hotel Union. „Das war aber nichts, nach neun Monaten waren wir pleite. Wir hatten das Hotel dem Pächter Scherzig abgekauft. Der ist mit dem Geld nach Ibiza. Aber die Zahlen, die er uns vor dem Verkauf genannt hat, waren alle getürkt. Wir haben zwar gegen ihn noch prozessiert, aber der Vergleich hat lediglich dafür gesorgt, dass wir null auf null rauskamen. Und die 80.000 DM waren weg. Vielleicht waren wir auch nicht die besten Geschäftsleute. Jedenfalls ist mein Partner nach dem Debakel in die Versicherungsbranche gewechselt und ich habe wieder eine Kneipe aufgemacht.“[151]

Wer in den 1970er Jahren im Gutleutviertel eine gemütliche Kneipe besuchen möchte, geht „Zum Sonny“. Am Eck Gutleutstraße/Heidelberger Straße befindet sich die Kneipe, in der Helmut ausschenkt. Bei ihm arbeitet eine Köchin, die mittags zwei verschiedene Gerichte anbietet. Es gibt Hausmannskost, Bratwurst, Hackbraten, Deutsche Küche. „Gegenüber war die Degussa, und ‚Zum Sonny‘ war eine reine Arbeiterkneipe. Die Leute kamen aus der Degussa und haben gesoffen. Abends hatten wir zwei Rentnerstammtische, das hat sich richtig gelohnt.“[152] Doch als die Köchin einen Mann kennenlernt und mit ihm zusammenkommt, fragen die beiden Helmut, ob sie die Gaststätte übernehmen können. Helmut willigt ein und erhält 8.000 DM Abstand, nach zwei Jahren verlässt Helmut die Kneipe „Zum Sonny“.

Die Abstandszahlung investiert er in eine weitere Kneipe in der Ziegelgasse, direkt an der Kleinmarkthalle. „Da kamen oft die städtischen Bediensteten in der Mittagspause

Helmut als Kneipier am Zapfhahn.

und haben ein Bier getrunken. Eines Tages kommt einer und steht vor mir und fragt ‚Was machst du denn hier?' Ich hab gesagt, ‚Bier verkaufen'. Er hat gleich gesagt ‚Aber damit ist doch nichts zu verdienen, komm zu uns, zur Stadt'. Das war der Helmut Bender, der kannte mich noch aus der Kindheit im Wollgraben, der hatte da auch gewohnt. Er hat mich gefragt, ob ich einen Führerschein habe, auch einen 2er. Dann hat er gesagt, ‚Du hörst von mir'. Und vier Wochen später hatte ich eine Nachricht, ich soll mich bei der Stadtbücherei als Fahrer für den Bücherbus vorstellen. Da habe ich mich in Schale geschmissen und bin hingegangen. Er hat mich sofort gefragt, wann ich anfangen könne. Ich habe gesagt, dass ich sofort starten kann. Ich habe mir die Busse angeschaut und da angefangen. Ich musste innerhalb von drei Wochen einen internen Führerschein machen und schon war ich bei der Stadt angestellt."[153]

Traumjob Bücherbus

Am 1. August 1977 beginnt Helmut bei der Stadtbücherei Frankfurt als Büchereiangestellter und Fahrer der Autobücherei. Zu seinen Aufgaben gehört das Fahren der Busse zu den Haltepunkten der Autobücherei in den Stadtteilen, in denen keine stationäre Bücherei vorhanden ist. An den Haltepunkten wickelt er die Ausgabe und Rücknahme der Bücher ab. Helmut pflegt auch den Bücherbestand des Bücherbusses, er sortiert neue Bücher ein und extrahiert Werke, die aus dem Angebot genommen werden. Der neue Job bereitet Helmut viel Freude, er ist auf der Straße unterwegs und hat gleichzeitig viel zu tun mit Literatur. Seine Leidenschaft für das Lesen kann er im Bücherbus voll ausleben, interessante Bücher leiht er sich selbst aus und manchmal ist er sein bester Kunde: „In den Stadtteilen kamen immer viele Kinder, die Bücher ausgeliehen haben. Wenn der Bücherbus leer war, saß ich manchmal da drin und habe mir gedacht: ‚Das war immer dein Traum'. Ich konnte ja als Kind keine Bücher ausleihen, ich hätte ja mit dem Stern nicht einfach in eine Bücherei gehen können. Ich musste damals lesen, was meine Schwester mitgebracht hat oder was ich sonst bekommen habe. Im Bücherbus konnte ich mir aussuchen, was mich interessiert hat."[154]

Nach knapp zwei Jahren Arbeit im Bücherbus entdeckt Helmut eine Ausschreibung der Stadt für eine Stelle im Fahr- und Botendienst der Stadtbücherei. „Das war für mich noch schöner, da hatte ich keinen Schichtdienst mehr. Da habe ich mich beworben, wurde genommen und habe einen kleinen Opel Rekord bekommen. Ich habe dann 15 Jahre lang die Außenstände des Bücherbusses angefahren und mit Post und neuen Büchern versorgt."[155] Im November 1981 wird Helmut in den Personalrat gewählt, fortan setzt er sich für die Belange der Mitarbeiterinnen und Mitarbeiter der Stadtbücherei ein. Im Personalrat arbeitet er bis zum Sommer 1988 mit. Auch wenn Helmut bei der Stadt kein üppiges Gehalt bezieht, ist er mit seiner Stelle sehr zufrieden. „Das war nicht gut bezahlt, es war aber ein sicherer Job. Und dank der Anstellung bei der Stadt kriege ich heute noch eine Zusatzrente. Nebenbei bin ich dann auch wieder Taxi gefahren. Mit 63 Jahren bin ich bei der Stadt Frankfurt in Rente gegangen."[156] Am 30. Juni 1994 beendet Helmut seine Tätigkeit bei der Stadt. Er ist mittlerweile seit vier Jahren Opa, denn am 3. Januar 1990 hat seine Tochter Suzanne ihre Leonie zur Welt gebracht. Helmut ist stolz auf seine Enkelin und freut sich, zukünftig noch mehr Zeit mit ihr verbringen zu können. In einem Dankesschreiben bedankt sich Stadträtin Linda Reisch für Helmuts stets zuverlässige Arbeit: „Bemerkenswert ist Ihre jahrelang unfallfreie fahrerische Tätigkeit sowie Ihre Bereitschaft, auch außerhalb der regulären Arbeitszeit, wie z.B. an den Tagen der offenen Tür, tätig zu werden."[157]

Als Rentner fährt Helmut weiterhin Taxi. Den Sohn seiner Lebenspartnerin Emmi bringt er auch zum Taxifahren, Helmut überschreibt ihm seine Konzession. Fortan arbeitet Helmut für Emmis Sohn. Jeden Morgen steht er ab 4.30 Uhr am Arabella-Hotel in Niederrad. „Ich bin dann gefahren, bis zwölf, halb eins. Da konnte ich dann nachmittags auch noch mal an den Riederwald zum Training der Eintracht. Mit 77 Jahren habe ich dann aufgehört, Taxi zu fahren."[158] 2008 wird Helmut endlich Vollzeitrentner.

Einige Lieben

Als Jugendlicher hat Helmut zunächst keine großen Kontakte zu Mädchen. Er hat vor allem Fußball und all die anderen Sportarten im Kopf, er kommt zu jedem Training, zu vielen anderen Sportwettkämpfen und den Spielen der ersten Mannschaft. Helmut liest gerne, er verschlingt Romane und Sachbücher und bildet sich auch ohne Schulbesuch als Autodidakt. Auch wenn Helmut überall ist, wo in Frankfurt was los ist, ist er ein unsicherer, schüchterner Junge. Er würde sich nie trauen, ein Mädchen anzusprechen. Als er Anfang der 1960er Jahre als Taxifahrer arbeitet, muss er im Wasserweg eine Kundin abholen. „Das war ein schönes Mädchen, die wollte ins Westend. Das hübsche Mädchen hat gleich gesagt, ‚Sie kenn ich, meine Freundin ist die Schwägerin vom Karl Saffert'. Mit dem Karl habe ich mir damals das Taxi geteilt." Die junge Dame bucht einige Tage später die nächste Fahrt, und diesmal nimmt Helmut all seinen Mut zusammen. Er fragt sie, ob die beiden sich abends mal treffen wollen. „Sie hieß Anita. Und sie hatte für den Abend Theaterkarten. Und so sind wir ins Theater gegangen. Ich habe sie mit dem Taxi abgeholt, wir ins Theater, danach habe ich sie wieder heimgefahren. So ging das dann drei-, vier-, fünfmal, ich habe sie ins Kino eingeladen, und so ging das los."[159]

Die heute 82-jährige Anita erinnert sich gut an den Beginn der großen Liebe: „Ich war mit einem Freund verabredet und wollte da mit dem Taxi hinfahren. Da hat Helmut noch gesagt, ‚Ach Mädchen, was willst du denn da. Wir könnten doch gemeinsam irgendwo hingehen'. Das Angebot habe ich ausgeschlagen. Aber der Zufall wollte es und ich hatte ihn wieder als Taxifahrer. Da hat er gesagt, jetzt lässt er mich nicht sausen, jetzt vereinbaren wir mal einen Termin und gehen ins Theater. Und so war es dann auch. Die Art von Helmut hat mir imponiert, diese Lustigkeit, diese offene, freie Art. Das war ich nicht gewohnt, das kannte ich nicht. Wir haben uns einige Male getroffen. Und dann hat er mich einmal nach Hause gebracht und sich meiner Mutter vorgestellt: ‚Ich bin der, der Ihre Tochter mal heiratet', hat er gesagt. Meine Mutter war von seiner Fröhlichkeit und Offenheit auch begeistert."[160]

Helmut und Anita werden ein Paar, kurze Zeit später folgt die Verlobung. Die beiden genießen das Leben und sind viel in Frankfurt unterwegs. Anita erinnert sich, dass Helmut ganze Gesellschaften unterhalten konnte: „Er war ja immer so himmelhochjauchzend wenn

Kellerparty mit Freunden, Helmut hat einen Hut aufgezogen.

wir unterwegs waren, er hat ja ganze Säle unterhalten. Ich war damals eher ein ‚Mauerblümchen' und habe mich gefreut, wenn die anderen mit Helmut ihren Spaß hatten. Helmut hat die lustigsten Sachen gemacht, er hatte immer einen Witz auf Lager, er hat wirklich alle unterhalten. Aber wenn wir von Veranstaltungen oder Geburtstagen nach Hause kamen, ist er immer wieder zusammengebrochen. Da war er richtig erschöpft, er hat nicht mehr gesprochen und wirkte leer und ausgelaugt."[161]

Dass Helmut von den Nazis verfolgt wurde, erzählt er seiner Verlobten nicht. Erst Jahre nach der Hochzeit erfährt sie Fragmente seiner Biografie, einmal erzählt er ihr, dass er sich in Frankfurt verstecken musste. Auf ihre Nachfragen gibt er keine Antwort. „In der Familie wurde darüber nie gesprochen. Und wenn das Thema auf Hitler kam, hat Helmut immer gesagt, ‚Das passt jetzt nicht, lasst mal gut sein'. Ich habe immer zu ihm gesagt, ‚Zwischen uns steht doch irgendetwas'. Das war wie eine Wand zwischen uns. Seine Kindheit, die Verfolgung, Theresienstadt, das waren Sachen, die in unserer Ehe immer zwischen uns standen. Helmut hat davon überhaupt nichts erzählt, und wenn ich ihn gefragt habe, hat er geschwiegen. Da gab es viele unausgesprochene Dinge. Letztlich habe ich die ganze Geschichte erst erfahren, als seine Schwester Lilo 2009 das Buch „Endlich reden" veröffentlicht hat."[162]

1963 heiraten Anita und Helmut im Frankfurter Römer. Zunächst wohnen die beiden bei der Schwiegermutter, 1964 beziehen sie eine eigene Wohnung in Oberrad. Am 7. September 1964 wird Tochter Suzanne geboren. Die Sonnebergs sind eine glückliche Familie, Suzanne wird von ihren Eltern umsorgt. Doch am Wochenende muss sie oft auf ihren Vater verzichten. „Ich habe schon ganz zu Anfang zu Anita gesagt, ‚Ich treffe mich gerne mit dir und ich hab dich auch lieb, aber alle 14 Tage habe ich eine Verabredung mit meiner Heißgeliebten'. Da hat sie gesagt, ‚Moment, Moment, was ist denn jetzt los?' Da habe ich gemeint, ‚Alle zwei Wochen habe ich sonntags um drei Uhr nachmittags eine Verabredung mit meiner Heißgeliebten im Waldstadion'. ‚Ach?' ‚Ja, ich bin Fußballanhänger.' Das wusste sie ja mittlerweile, aber dass mir das so wichtig war, das war ihr neu. So hat sich das auch hingezogen in meinem ganzen Leben, für mich war die Eintracht mein Ein und Alles. Ich habe mein Herz an den Club verloren."[163]

Frisch verheiratet: Anita und Helmut.

Auch als Familienvater geht Helmut regelmäßig mit Freunden zum Fußball, zu Auswärtsspielen fährt er jetzt aber seltener. Während er sich gegenüber seiner Frau viele Freiheiten herausnimmt, fällt es ihm schwer, ihr Freiheiten zu lassen. Er wird schnell eifersüchtig, das belastet die Liebe. Außerdem wird Helmut immer wieder cholerisch. Wenn ihm etwas nicht passt, wird er laut und es kommt zu Streitereien. Für Anita ist das Leben mit Helmut nicht einfach. Wenn die beiden mit ihrer Clique unterwegs sind, scharen sich die Freunde um Helmut, der die Truppe als Spaßvogel unterhält. Doch wenn das Pärchen nach den intensiven Abenden nach Hause kommt, fällt er weiterhin in ein Loch. Anita meint: „Er hat seine Traurigkeit übertüncht durch die Freude, die er anderen zugebracht hat. Und wenn wir daheim ankamen, war er fertig und hat nur noch gesagt, ‚Hauptsache, du bist in der Küche und klepperst'. Dann sollte ich in die Küche gehen und noch ein paar Eier braten. Das hat mich geärgert."[164]

Die letzte große Liebe

Nach sieben Jahren trennen sich Helmut und Anita, es folgt die Scheidung. Einige Zeit später lernt Helmut in der Sachsenhäuser Fußballkneipe „Zum Grauen Bock" Uschi kennen. Die beiden verlieben sich und heiraten. „Wir waren wieder sieben Jahre verheiratet. Dann hatte sie eine Affäre mit ihrem Chef angefangen. Da war ich sofort weg."[165] In den folgenden Jahren lebt Helmut als Single, wie er sagt, mit „wechselnden Stoßverhältnissen". Bis er Emmi kennenlernt. Emmi wird Helmuts letzte große Liebe. Die beiden kommen 1980 zusammen. 1981 feiert Helmut seinen 50. Geburtstag. „Wir sind dann in Niederrad zusammengezogen, haben aber nicht mehr geheiratet. Seitdem habe ich in wilder Ehe gelebt." Emmi, die sich nicht für Fußball interessiert, akzeptiert Helmuts Begeisterung und begleitet ihn auch manchmal zu Spielen. Aber auch vor Emmi spricht Helmut zunächst nicht über die Verfolgung. Erst als er im Eintracht-Museum vor Anhängern der Eintracht spricht, erzählt er auch Emmi seine Geschichte. Zur Fahrt des Spurensuche-Projekts nach Theresienstadt wird Emmi ihren Helmut begleiten.

Eine Eintracht

Die Sportbegeisterung von Helmut kennt keine Grenzen. Ganz oben stehen die Fußballer der Eintracht. Nach den Jugendspielen geht es sonntags an den Rosegger, später an den Riederwald oder ins Stadion. Wenn keine Jugendspiele stattfinden und die Eintracht auswärts spielt, reist er auch dorthin, zu den Offenbacher Kickers, Rot-Weiss Frankfurt, Hanau 93 oder dem FC Rödelheim. Spielt die Eintracht in Mannheim oder Neckarau, setzen sich Helmut und seine Kumpels aufs Fahrrad und radeln fünf Stunden bis zum gegnerischen Stadion. „Wenn du dann verloren hast und musstest beim Regen abends wieder im Dunkeln zurück, das war kein Spaß!"

Ab und zu geht es auf kuriosen Wegen zum Spiel. „Wir hatten einen kleinen Kohlehändler in Sachsenhausen, der hat einen Lieferwagen gehabt. Da hat er hinten fünf Sack Kohle aufgelegt, und dahinter haben wir gesessen. So sind wir auch mal nach Mannheim gefahren."[166] Auch per Zug reist er, Helmut erinnert sich an ein Spiel in Nürnberg im Winter 1947. Mit seiner Schwester fährt er im Zug dorthin. „Damals ist die Mannschaft noch mit einem Triebwagen zum Spiel gefahren, so einem Dieseltriebwagen. Da saß die Truppe mit den Fans in einem Wagen. Die Spieler haben mir gegenübergesessen. Damals hat der Werner Heilig gespielt, der Hubert Schieth, der Helmut Henig, der Hans Wloka und so weiter. Mit den Spielern hast du dich unterhalten. Und so was verbindet halt, so was macht einen Riesenspaß."[167] Der persönliche Kontakt zu den Spielern ist Helmut stets wichtig. Da es in Deutschland noch keine Profispieler gibt, haben die Spieler der Eintracht normale Arbeitsstellen, sie sind Gastwirte, Arbeiter oder Angestellte. Trainiert wird zweimal wöchentlich nach der Arbeit. Auch Helmut geht nach der Arbeit zum Training der Eintracht. Mit Freunden beobachtet er die Mannschaft, manchmal trifft man sich nach dem Training noch gemeinsam in einer Kneipe. „Das hat sich dann einfach so entwickelt, du gehörst dann zum Verein. Die Eintracht hatte ja vielleicht 2.000 oder 3.000 Mitglieder, kein Vergleich zu heute. Damals kannte jeder Eintrachtler den anderen."[168]

Der „Fanatiker", so nennt man die wilden Fußballanhänger in den 1950er Jahren, wird in Frankfurt immer bekannter. Und er genießt es, dass er erkannt wird. „Wenn du in einem Block über einen längeren Zeitraum immer im gleichen Eck stehst, kennen dich auf einmal 200 Leute. Und da wirst du begrüßt. Und wenn mal einer nicht da ist, wird gefragt, ‚Was ist denn mit dem?' ‚Ja, der ist krank, der kann nicht kommen', und so weiter. Und so hat sich dann in Frankfurt eine Fankultur entwickelt."[169] Dass Helmut unter den Fans akzeptiert und geachtet ist, macht ihn stolz. Er, der acht Jahre lang ausgegrenzt wurde, gehört jetzt dazu. Man kennt ihn schon von weitem, auch wegen seiner Eintracht-Fahne. Helmut wird gegrüßt, ihm wird gewunken und wenn er nicht da ist, wird er vermisst. Der, auf den einst gespuckt wurde, ist ein respektiertes Mitglied der Gemeinschaft. Und er lässt sich immer wieder was einfallen für seine Gruppe: „Wir hatten damals auch schon Fahnen. Obwohl es keinen Fanshop gab, du konntest ja weder Fahnen noch sonst etwas kaufen. Es gab nichts." Helmut kauft sich Stoff. Ein Stück wird schwarz gefärbt, das andere bleibt weiß. Seine Schwester Lilo näht die beiden Stücke zusammen und einen Saum für den Fahnenstock. Es gibt kaum Vereinswappen, aber die schwarz-weiße Fahne reicht, um Helmut und seine Kumpels als Eintracht-Fans zu erkennen. Bei Sennelaub am Kornmarkt 7 kaufen sich die Freunde Kuhglocken. Das Frankfurter Traditionsgeschäft hat sich auf Vereins- und Festbedarf spezialisiert, von Scherzartikeln bis zu Lärminstrumenten bekommt man bei Sennelaub alles. Alte Eisenbahner werden gefragt, ob sie noch Dreiklanghörner von der Arbeit haben. „Einer hatte ein Dreiklanghorn, einer hatte sich eine Rassel gebastelt, einer hatte die Kuhglocke. Und so hat sich das langsam entwickelt. Wenn einer von uns auf die Idee gekommen wäre, wir hätten ja ein paar Fahnen mal herstellen und verkaufen können, ja, da wären wir vielleicht in dem Fanartikelgeschäft groß geworden. Aber da hat ja keiner dran gedacht. Was wir uns gebastelt haben, das war für uns."[170]

Da das Vereinsgelände der Eintracht am Riederwald kriegszerstört ist, finden die Spiele der ersten Mannschaft zunächst am Rosegger-Sportplatz statt, an dem Helmut auch als Jugendlicher kickt. Später spielt die Eintracht am Brentanobad, ab der Saison 1946/47 dann am Bornheimer Hang. Von den Alliierten, die das Stadion im Stadtwald beschlagnahmt haben, erhält der Verein die Genehmigung, große Spiele im Stadion auszutragen. Bis die Eintracht ihre neue Vereinsanlage am Riederwald eröffnen kann, dauert es noch: Erst am 17. August 1952 wird der „Neue Riederwald" mit einem Spiel gegen die Ägyptische Olympiaauswahl eröffnet. Das Eröffnungsspiel geht mit 1:4 verloren, aber das scheint egal. Bei der Eintracht ist man froh und glücklich, eine neue Heimat zu haben.

Der Beginn einer Fankultur

Vor Spielen im Stadion trifft sich die Clique um Helmut am Schweizer Platz. Von hier aus laufen 15 bis 20 Eintrachtler mit den selbstgebauten Fahnen, Hupen und Glocken über die Mörfelder Landstraße ins Stadion. Passanten bleiben stehen und bestaunen die „Fanatiker". Der Rückweg gestaltet sich unterschiedlich: „Wenn wir verloren haben, haben wir nicht mehr geklingelt, wenn wir gewonnen haben, haben wir geklingelt und geblasen. Da wussten die Menschen, die in der Heimatsiedlung in Sachsenhausen gelebt haben, ob die Eintracht gewonnen hat oder nicht. Damals gab es ja keine Fernsehübertragung oder Radioübertragung. Und so fing die Fankultur damals an."[171]
Auch im Stadion fallen die wilden Fans auf, die die Mannschaft anfeuern. Angesprochen, ob diese Anfeuerung der Mannschaft hilft, erinnert sich Helmut an seine eigene aktive Zeit: „Anfeuern heißt, die Übertragung meiner Leidenschaft auf das Spielfeld zu bringen. Die hören mich, die sehen mich, und das feuert die Spieler an. Ich habe es selbst erlebt, wenn ich gespielt habe. Draußen standen 20, 30 Leute, die haben gerufen ‚Auf geht's!' und ‚Tempo!'. Das gibt dir ein Gefühl, du musst noch mehr machen, du kannst mehr machen. Du bleibst nicht stehen, du bewegst dich dauernd. Und wenn draußen einer noch deinen Namen schreit, dann bist du viel motivierter. Das war so. Das ist auch heute noch so. Die Eintracht kolportiert ja immer, wir brauchen unsere Fans. Und im heimischen Stadion sind wir eine Macht. Das sagt Trainer Kovac, das sagen alle. Und das überträgt sich irgendwie. Die Lautstärke – du hörst ja, wie die Fans rufen. Umsonst geht die Mannschaft nicht in die Kurve und bedankt sich. Da ist schon was dran. Aber das Phänomen, wie der Funke überspringt, kann ich auch nicht erklären. Tut mir leid."[172] Helmut weiß noch, wie die Fans damals „Auf geht's!", „Tempo!", „Eintracht!" und „Hi, ha, ho – Bornheim ist k.o.!" gerufen haben. Lieder mit längeren Texten gab es, auch wenn sie manchmal nicht so viel mit der Eintracht zu tun hatten.

Beliebte Lieder der 1950er Jahre waren folgende:
„Mir sinn die Frankfurter Bube, mir habbe schon viel erlebt,
mir warn mit 14 Jahrn schon in der Fremd.
Mir habbe die Leut beschisse, uns habbe se rausgeschmisse,
und wanns ans Zahle ging, da warn mer fremd.
Na, na, das tun mer net, aus Frankfurt gehen mer net,
bis dass der Sensemann uns einkassiert!“

„Kocht die Alt Bohnesupp, ist die ganz Woch kaputt,
kocht die Alt Sauerkraut, ist die ganz Woch versaut.
Und die Rei, und die Ra, und die Rallala,
und die Alt, die lässt en Bumms, dass es knallt!“[173]

Spielergebnisse auf der Kreidetafel

Die wenigen lauten Fans üben auch Anfang der 1950er Jahre eine große Anziehungskraft aus. „Angefangen haben wir mit sechs oder acht Leuten, zwei, drei Jahre später waren wir schon 30 oder 40. Wir hatten dann manchmal so viele Leute zusammen, dass wir einen eigenen Bus chartern konnten über eine kleine Reisegesellschaft. Und meistens ist der Bus voll geworden. Das hat sich im Laufe der Jahre entwickelt, genau, wie das jetzt ist. Damals, wenn wir zu einem Spiel gingen, zu einem Gegner, der unterklassig war, da waren nur 12.000, 13.000 oder 14.000 Leute da. Kamen aber der VfB Stuttgart, der 1. FC Nürnberg oder die Spielvereinigung Fürth, da waren dann am neuen Riederwald schon 25.000 Fans.“[174] In Deutschland herrscht in der Nachkriegszeit eine große Sportbegeisterung. Lag der Zuschauerdurchschnitt bei Eintracht-Spielen in der Saison 1936/37 noch bei 7.778 Besuchern pro Spiel, kommen in der Saison 1946/47 durchschnittlich schon 12.263. Und das, obwohl die Eintracht keine eigene Heimat hat, sondern am Bornheimer Hang spielen muss. In der Saison 1952/53, der ersten Saison im neuen eigenen Stadion am Riederwald, besuchen durchschnittlich 16.400 Menschen die Spiele. Der große Sprung gelingt auch, weil die Mannschaft erfolgreich kickt:

1953 wird die Eintracht erstmals seit 1932 wieder Süddeutscher Meister. In der Endrunde um die Deutsche Meisterschaft scheitert die Elf zwar am späteren Meister 1. FC Kaiserslautern, doch auch die drei Endrundenspiele sind hervorragend besucht: Durchschnittlich 41.389 Fans pilgern ins Frankfurter Stadion.[175]

Helmut marschiert nach Spielen am Riederwald als erstes zum „Sporteck" im Frankfurter Stadtteil Bornheim. Dort gibt es eine Ergebnistafel: Der Wirt telefoniert mit den Sportredaktionen der „Frankfurter Rundschau" und der „Abendpost Nachtausgabe" und erkundigt sich nach den Ergebnissen. Helmut vermerkt die Ergebnisse mit Kreide auf der Tafel in der Gaststätte. Dafür erhält er stets ein Bier und eine Frikadelle. Von Bornheim aus geht es nach Sachsenhausen, wo Heinz „Moppel" Nees eine Kneipe hat. Moppel Nees spielt seit 1948 für die Eintracht und fragt Helmut immer gleich, ob er alle Ergebnisse dabeihat. Helmut holt den Zettel mit den Resultaten aus der Tasche und aktualisiert auch die Tafel in Moppel Nees' Kneipe: „Da gab's dann für mich noch ein Bier."

Politisch aufgeladene Fußballeuphorie

1954 erreicht die Fußballbegeisterung in Deutschland einen Höhepunkt. Die deutsche Nationalmannschaft besiegt die favorisierten Ungarn im Finale von Bern und wird erstmals Weltmeister. Von der nationalen Fußballbegeisterung wird Helmut nicht ergriffen, sie macht ihm eher Angst. Zeit seines Lebens erinnert er sich daran, dass nach dem Titelgewinn in Frankfurt am Main Hakenkreuzfahnen aus den Fenstern gehängt wurden: „Neun Jahre nach dem Krieg! Da haben in Sachsenhausen noch neun Fahnen, Hakenkreuzfahnen, gehangen. Neun Jahre nach dem Krieg gab es noch Nazis, die den Fußballerfolg quasi als Kriegssieg gefeiert haben. Das habe ich mit eigenen Augen gesehen. Ich habe ja gewohnt am Schweizer Platz."[176] Es gibt keine Hinweise darauf, dass in Frankfurt nach dem WM-Sieg tatsächlich Hakenkreuzflaggen gehisst wurden, aber Helmuts gedankliche Verknüpfung der Fußballeuphorie mit der Zeit des Nationalsozialismus verwundert nicht. Die patriotische Euphorie ist bei weitem nicht so harmlos, wie öffentlich dargestellt. Als nach dem Titelgewinn im Wankdorfstadion die Deutsche Hymne angestimmt wird, singen Fans lauthals die erste Strophe des Liedes:

„Deutschland, Deutschland über alles." Auch bei den Empfängen der Weltmeister in vielen deutschen Städten wird die erste Strophe gesungen.[177] Bei der Siegesfeier im Münchner Löwenbräukeller am 6. Juli 1954 hält DFB-Präsident Peco Bauwens eine Rede, die vom Bayerischen Rundfunk live übertragen wird. Als die Semantik von Bauwens den Reporter Wolf Posselt immer mehr an Töne aus dem „Tausendjährigen Reich" erinnert, interveniert dieser beim zuständigen Redakteur Robert Lembke, die Übertragung wird daraufhin unter einem Vorwand abgebrochen.[178]
Der Erfolg, den die deutsche Nationalmannschaft 1954 erreicht, ist nicht Helmuts Erfolg. Die Jubelgemeinschaft, die den Titelgewinn feiert, ist genau die, die Helmut noch zehn Jahre vorher bedrohte, sie macht dem 23-Jährigen mehr Angst als Freude. Aber Helmut freut sich für zwei Frankfurter: Mit Richard Herrmann vom FSV Frankfurt und Alfred Pfaff von der Eintracht werden auch zwei seiner Idole Weltmeister. Alfred Pfaff betreibt in Frankfurt eine Kneipe, hier ist Helmut regelmäßiger Gast. „Der Alfred war ja quasi ein guter Freund von mir. Der war ein begnadeter Techniker. Als Spieler stand er am Riederwald auf dem Platz immer im Schatten der Tribüne, wenn er keine Lust hatte. Er war ein Star und er war manchmal bequem. Aber wenn es um was ging, war er immer da. Als er in den 1970er Jahren in Zittenfelden im Odenwald sein Hotel hatte, bin ich da dreimal im Jahr hingefahren."[179]

Alfred Pfaff auf den Schultern

1959 gilt als das Jahr der Eintracht, und 1959 wird auch Helmuts Jahr. Im Jahr des 60. Bestehens des Vereins gelingt erstmals der Gewinn der Deutschen Meisterschaft. Und Helmut ist immer dabei. In der Oberliga Süd spielt die Eintracht eine überragende Rolle und liefert sich bis zum letzten Spieltag einen Zweikampf mit Kickers Offenbach. Als die Mannschaft am letzten Spieltag beim Tabellensiebten VfR Mannheim spielt, wird sie von Tausenden Anhängern begleitet. „Über das graue Band der Autobahn zogen die langen Kolonnen von Wagen mit Frankfurter Nummern, und aus den Cabriolets und Schiebedächern flatterten die schwarz-weißen Fahnen mit dem Eintrachtadler lustig und stolz im Wind", schrieb „Der neue Sport".

In Helmuts Erinnerung der schönste Tag seines Eintracht-Lebens: Nach dem Gewinn der Süddeutschen Meisterschaft trägt er Alfred Pfaff auf den Schultern.

Auch Helmut fährt mit seinem VW-Käfer und Freunden nach Mannheim. Die Mannschaft macht den Gewinn der Süddeutschen Meisterschaft mit einem 3:1-Sieg klar, nach Spielende stürmen die Fans den Platz. „Als an den Mannheimer Brauereien der Schlusspfiff ertönte, waren die Schlachtenbummler des neuen Süddeutschen Meisters nicht mehr zu halten. Keine ermahnenden Worte aus dem Lautsprecher, keine Barrieren und keine Platzordner konnten sie daran hindern, auf das Feld zu stürmen und ihre Lieblinge auf den Schultern im Triumphzug in die Kabinen zu tragen. Allen voran Alfred Pfaff, den Kapitän. Doch der Triumph der Eintracht-Anhänger fand sein Ende nicht am Kabineneingang — er löste sich erst in Frankfurt auf."[180] Der Fan, der Alfred Pfaff auf den Schultern in Richtung Kabine tragen darf, ist Helmut. Das Erlebnis des Gewinns der Süddeutschen Meisterschaft mit der anschließenden Feier bleibt Helmut zeit seines Lebens im Gedächtnis: „Das war mein schönster Moment mit der Eintracht, als ich Alfred Pfaff in Mannheim auf den Schultern getragen habe."[181]
In der Endrunde um die Deutsche Meisterschaft trifft die Eintracht auf Werder Bremen, den FK Pirmasens und den 1. FC Köln. Die von Paul Oßwald trainierte Mannschaft gewinnt alle sechs Endrundenspiele und zieht ins Finale ein. Helmut ist immer vor Ort und es ist für ihn selbstverständlich, auch zum Finale nach Berlin zu fahren. Endspielgegner ist ausgerechnet der große Rivale aus der Nachbarschaft, die Offenbacher Kickers.

Im Eintracht-Käfer durch die DDR

Für Helmut und seine Freunde startet das Abenteuer Meisterschaft am Freitag, den 26. Juni 1959. Den schwarzen VW, der die Gruppe an die Spree bringt, hat sich Helmut 1957 vom Geld gekauft, das er als Entschädigung für das Tragen des Judensterns und die Deportation nach Theresienstadt erhalten hatte. Beim Kauf achtet er auf die Vereinsfarben: Das Auto ist schwarz, es hat rote Kunstlederpolster und Weißwandreifen. Vor der Fahrt bemalt ein Freund den Wagen: Auf die eine Seite wird „Eintracht" geschrieben, auf die andere Seite „Bravo Eintracht", auf die Rückseite „Endspiel erreicht" und auf die Motorhaube „Achtung mer komme", dazu ein vierblättriges Kleeblatt. Auf den Lack klebt Helmut noch verschiedene Vereinswappen. Schwester Lilo schneidert im

Vorfeld eine schwarz-weiße Hose und eine gleichfarbige Jacke, auf der die Ergebnisse der Endrundenpartien vermerkt sind. Dazu bastelt sie ihrem Bruder einen schwarz-weißen Zylinder. Das Bild von Helmut und seinem Auto erscheint rund um den Titelgewinn der Eintracht in mehreren Zeitungen.

„So sind wir nach Berlin gefahren. Jeder musste fünf Mark Benzingeld zahlen und dann ging es los. Wir sind erstmal bis zur Zonengrenze, da standen die Grenzposten. Die haben gesagt: ‚Sie betreten jetzt die DDR. Es sind 100 Kilometer bis Berlin. Bitte unterwegs nicht anhalten, es wird sofort scharf geschossen.' Na ja, jetzt hatte ich drei Kumpels drin, die hatten auch ein bisschen was getrunken und mussten irgendwann auf Toilette, da haben wir dann doch am Straßenrand gehalten. Da kamen sofort Grenzsoldaten mit ihren Maschinenpistolen raus und haben gesagt, ‚Sofort weiterfahren!' Da sind wir schnell wieder eingestiegen und weitergefahren."[182]

In Berlin bucht sich die lustige Truppe am Freitagnachmittag in einer kleinen Pension ein, die Übernachtung ohne Frühstück kostet sechs Mark. Freitagabends geht Helmut in die „Badewanne", das führende Jazzlokal in Deutschland. Helmut ist ein begeisterter Jazzfan. Am Samstag frühstückt die Truppe in einem benachbarten Café. Beim Frühstück bekommt Helmut heftige Zahnschmerzen. Er geht zu einem Zahnarzt, der ihm einen vereiterten Zahn zieht. Das kostet 15 DM, darin enthalten sind aber auch noch einige Schmerztabletten.

Am Sonntag, den 28. Juni 1959, startet um 15 Uhr das große Spiel im Olympiastadion. Neben Helmut und seinen Freunden sind rund 5.000 weitere Eintrachtler nach Berlin gekommen. Auch die Kickers haben etwa 5.000 Fans mit an die Spree gebracht. Helmut hat außer seinem schicken Eintracht-Anzug mit Zylinder auch eine Fahne und eine Glocke mit im Stadion. Die Eintracht erwischt einen Traumstart und geht durch Istvan Sztani bereits nach 13 Sekunden in Führung. In der 8. Minute gelingt Berti Kraus der Ausgleich, fünf Minuten später bringt Ekko Feigenspan die Eintracht wieder in Führung. Noch einmal können die Kickers ausgleichen, Helmut Preisendörfer trifft in der 22. Minute zum 2:2. Danach fallen in der spannenden Partie vor 76.000 Zuschauern keine Treffer mehr. So muss die Deutsche Meisterschaft erstmals seit 1949 wieder in der

Mit Eintracht-Klamotten und bemaltem Eintracht-Käfer auf dem Weg zum Endspiel um die Deutsche Meisterschaft 1959 in Berlin.

Verlängerung entschieden werden. Und da setzt sich die Eintracht durch. Zweimal Ekko Feigenspan und einmal Istvan Sztani treffen für die Eintracht, während die Kickers nur durch Siegfried Gast den Anschluss erzielen können. Nach 120 Minuten und einem 5:3-Sieg ist die Eintracht Deutscher Meister.[183]

Helmut feiert den Triumph auf der Tribüne, er würde zu gerne den Platz stürmen, aber der Ordnungsdienst an seinem Block ist streng und aufmerksam. Einigen Fans gelingt es, auf den Platz zu kommen, aber Helmut hat am 28. Juni 1959 keine Chance. „Trotzdem: Die Seligkeit war groß. Die Eintracht war Deutscher Meister. Ich habe meinen Freunden gleich gesagt, wir müssen heute Abend noch mit dem Auto heimfahren, denn morgen ist Empfang auf dem Frankfurter Römer. Wir sind also die ganze Nacht durchgefahren, um wieder pünktlich in Frankfurt zu sein."[184] Für den Montag hat sich Helmut längst Urlaub genommen.

Frankfurt feiert die Eintracht

Völlig übermüdet, aber glücklich, wird montags weitergefeiert. Helmut ist beim Empfang direkt am Hauptbahnhof, wo die Meistermannschaft gegen 18.40 Uhr ankommt. Wieder ist er ganz vorne, auf vielen Fotos der Feierlichkeiten ist er zu sehen. Die „Frankfurter Neue Presse" berichtet über den Empfang: „Dann treten die Spieler hinaus auf den Bahnhofsvorplatz, und alle Vorstellungen, die sie seit Berlin mit sich trugen, stürzten zusammen. Dort auf dem Riesenplatz wartete eine Menge, man konnte nicht sagen, wie viele Tausende es wohl gewesen sein mögen. Sie brachen in Jubel aus, riefen ‚Sztani, Feigenspan, Alfred' im Chor und wollten alle in der Nähe der Spieler sein. Die Ketten der Polizei rissen, für Minuten drohten Spieler und Begleiter in diesem Strom der Begeisterung umgerissen zu werden, bis der Präsident der Bundesbahndirektion Frankfurt, Herr Unverzagt, seine Begrüßungsworte loswerden konnte und das vor dem Bahnhof aufgebaute Signal auf ‚Freie Fahrt' setzte."[185] Vom Hauptbahnhof aus fährt die Mannschaft auf zwei sechsspännigen Brauereifahrzeugen durch die Stadt bis zum Römer, wo sich die Spieler ins Goldene Buch der Stadt Frankfurt eintragen dürfen.

Zu gerne würde Helmut auf einem der Wagen mitfahren. Schließlich kennt er die Spieler gut und ist als Fan der Eintracht längst stadtbekannt. „Doch da waren Hunderte Leute drauf, ich hatte gar keinen Platz mehr", erinnert er sich an den Start des Konvois.[186] Andere „Fanatiker" haben mehr Glück. Der Frankfurter Malermeister Georg Poth, von allen nur „Schorsch" genannt, entert einen Wagen und fährt mit der Mannschaft durch die Stadt. Auf vielen Fotos des Empfangs in Frankfurt sieht man Schorsch, wie er der jubelnden Menge mit einem Maßhumpen zuprostet. Helmut muss zu Fuß durch das Chaos in Richtung Römer laufen, wo die Truppe auf dem Römerbalkon von Tausenden Fans gefeiert wird und den Massen die Meisterschale zeigt. Nach der Feier geht der Festzug weiter ins Zoo-Gesellschaftshaus, wo die Eintracht-Familie den Abend ausklingen lässt. Helmut ist an verschiedenen Stellen in der Stadt dabei, zur Vereinsfeier im Zoo-Gesellschaftshaus geht er nicht. Aber die Wucht der Emotionen von 200.000 bis 300.000 feiernden Fans beeindruckt ihn bis zu seinem Tod. „An den Straßen haben links und rechts Tausende Leute gestanden, so was hatte Frankfurt noch nie erlebt. Die Meisterfeier der Eintracht war das größte Erlebnis, das Frankfurt nach dem Krieg hatte."[187]

Aus dem Krankenhaus ins Stadion

Als Deutscher Meister ist die Eintracht qualifiziert für den seit 1955 ausgetragenen Europapokal. Die Landesmeister der europäischen Länder spielen in einem Pokalwettbewerb gegeneinander. Abonnementmeister in diesen Jahren ist das weiße Ballett von Real Madrid. Die deutschen Teilnehmer in den ersten Jahren waren jeweils früh gescheitert, so dass der internationale Wettbewerb hierzulande noch keine große Popularität erlangt hat. Der Eintracht gelingt es als erster deutscher Mannschaft, im Europapokal das Finale zu erreichen. In der ersten Runde kommt die Mannschaft kampflos weiter, weil der finnische Vertreter Kuopio PS nicht antritt. In der zweiten Runde besiegt die Eintracht die Young Boys Bern, im Viertelfinale den Wiener SC. Das Halbfinale beschert den Riederwäldern die Glasgow Rangers aus Schottland.

In jenen Tagen liegt Helmut im Krankenhaus, er hat Gallenprobleme. Am Abend des 13. April 1960 zieht er seine Sachen an und schleicht sich aus dem Krankenhaus. Vor

Empfang der Meistermannschaft in Frankfurt. Helmut erwartet die Truppe mit Sektflasche und ungewohnter Zigarette.

der Tür wartet ein Auto mit Freunden, die fahren ihn auf dem schnellsten Weg ins Stadion. „Und nachts war ich wieder zurück im Krankenhaus“, erinnert sich Helmut an die Flucht aus der Klinik. Die Eintracht, deren Spieler als Vertragsspieler immer noch eine Arbeitsstelle haben müssen, ist gegen die Profis von der Insel der krasse Außenseiter: „Bei uns war es ja so, dass die Spieler alle einen Job hatten. Egon Loy bei der Metallgesellschaft, Erwin Stein hatte einen Tabakladen, Alfred Pfaff die Kneipe an der Hauptwache und Richard Kreß eine Drogerie. Das war eine Sensation, dass diese Truppe gegen professionelle Fußballspieler so hoch gewonnen hat.“ Vor 77.000 Fans besiegt die Eintracht die Rangers mit 6:1 und steht damit schon mit einem Bein im Finale. Trotzdem reist Helmut zum Rückspiel nach Glasgow. „Wir sind mit dem Zug gefahren, drei Tage hin, drei Tage zurück, das war eine halbe Weltreise damals. Von Dover aus ging es mit dem Schiff nach Calais. Und ich konnte kein Englisch sprechen. Wir haben uns mit Händen und Füßen verständigt, und wir sind hingekommen und es war wunderbar. Bei den Rangers hat die Eintracht dann noch mal mit 6:3 gewonnen, die hatten keine Chance. Da hat man das britische Fairplay gesehen. Die Schotten haben der Eintracht applaudiert im Stadion. Obwohl wir gegen ihre Mannschaft gewonnen haben. Damals haben wir Fans ein Lied gesungen, das sich auf den Europapokal bezogen hat: ‚Und es gibt kein Verein in Europa, der die Eintracht schlagen kann‘.“[188]

Zum Finale gegen Real fährt Helmut nicht, seine Urlaubskasse ist leer, außerdem kriegt er keine Karten. „Wenn ich eine Karte gehabt hätte, hätte ich einen Kredit aufgenommen, um wieder nach Glasgow zu kommen.“ Das Europamärchen der Eintracht endet am 18. Mai 1960 spektakulär. Im Hampden-Park in Glasgow unterliegt die Mannschaft der Weltauswahl von Real Madrid mit 3:7. 127.000 Zuschauer beim Endspiel bedeuten bis heute den Zuschauerrekord für ein Europapokalfinale.

1963 wird in Deutschland die Bundesliga gegründet. Helmut hat seit vielen Jahren eine Dauerkarte bei der Eintracht, aber mit dem Start der Bundesliga ändert sich einiges. Bislang fanden fast nur Endrundenspiele im Waldstadion statt, der Ligaalltag spielte sich am Riederwald ab. Zum Bundesligastart am 24. August 1963 wechselt die

Eintracht fest ins Waldstadion. Helmuts Dauerkarte ist für die Gegengerade, hier hat er über Jahre seinen Stammplatz. „Da gab's ein Ritual, dass einer aus Gießen immer Blutwurst mitgebracht hat. Der hat an uns alle Blutwurststücke verteilt. Und Bier holen? Ich habe mein ganzes Leben noch kein Bier auf dem Fußballplatz getrunken. Mal ein Schnäpschen, ok. Wenn einer ein Fläschchen dabei hatte, hat er gesagt, du kannst ruhig trinken, das macht nichts, Alkohol desinfiziert. Und so haben wir alle mal einen Schnaps getrunken aus einem Glas. Oder jemand hatte eine Thermoskanne dabei: Da hat jeder einen heißen Schluck genommen im Winter. Und in der Stadionkneipe habe ich mal einen Kaffee geholt oder eine Limo. Aber ich bin ins Stadion gegangen, um ein Fußballspiel zu sehen. Und nicht, um besoffen zu sein."[189]

Sonny schimpft mit den Journalisten

Bei Auswärtsspielen gibt es dann doch auch Bier, Helmut reist der Eintracht auch zu Bundesligazeiten hinterher, obwohl die Reisen familienbedingt weniger werden. Fahrten nach Hamburg werden über mehrere Tage organisiert, nach dem Spiel geht es gemeinsam auf die Reeperbahn, seinen Zylinder hat Helmut immer dabei. Als die Eintracht 1964 erstmals das Endspiel um den DFB-Pokal erreicht, kauft Helmut bei Sennelaub eine ganze Menge Zylinder. Gemeinsam mit seiner Schwester Lilo bemalt er die Hüte. Auf jeden Hut kommt vorne ein Buchstabe und hinten ein Buchstabe. Als Helmuts Clique zum Finale nach Stuttgart fährt, hat jeder Fan einen Zylinder auf. Wenn sich die Truppe in richtiger Reihenfolge aufstellt, bilden die Zylinder den Schriftzug Eintracht. Auf der Rückseite kann man Frankfurt lesen. Doch die spektakuläre Choreografie aus den 1960er Jahren hilft nichts, die Eintracht unterliegt dem TSV 1860 München mit 0:2. „Normalerweise hätte die Mannschaft das Spiel gewonnen. Aber einen Tag später startete eine internationale Reise, und alle Spieler waren geimpft worden. Dann herrschte in Stuttgart eine Gluthitze und wegen der bevorstehenden Reise wollte sich keiner mehr verletzen. So hat die Eintracht dann verloren. Aber der DFB-Pokal hatte 1964 auch noch nicht den Stellenwert, den er heute hat."[190]

Vor der Abfahrt zum DFB-Pokalfinale 1964. Helmut hat eine Wende-Choreo organisiert.

Der Schriftzug zeigt vorne Eintracht und hinten Frankfurt.

Ab Ende der 1960er Jahre nimmt Helmut auch seine Tochter Suzanne mit zu den Spielen. Nachdem seine erste Ehe gescheitert ist, wird vereinbart, dass seine Tochter alle zwei Wochen am Wochenende bei ihm ist. Suzanne erinnert sich: „Ich war alle 14 Tage bei meinem Vater, da gab es nur die Eintracht. Ich glaube, ich war fünf Jahre alt, als wir zum ersten Mal im Stadion waren. Er hat mich mitgenommen, eine Eintrittskarte hatte ich gar nicht, er hat mich aber immer an den Ordnern vorbeigebracht ins Stadion." Als das Stadion zur Weltmeisterschaft 1974 umgebaut wird, entstehen im Unterrang der Haupttribüne Studios für die Kommentatoren der Radio-Übertragung. Helmut hat seine Dauerkarte mittlerweile im Unterrang der Haupttribüne und bei jedem Spiel hat er ein kleines Transistorradio mit Kopfhörern dabei, um die Berichterstattung über die anderen Spiele zu hören. „Immer, wenn der Reporter in Frankfurt was gesagt hat, was meinem Papa nicht gepasst hat, ist er hochgegangen an die Kommentatorenkabine und stand dann davor wie ein HB-Männchen und hat mit den Journalisten geschimpft, die drinnen saßen. Die kannten ihn alle schon. Und ich saß dann allein auf dem Platz, weil mein Papa mit den Journalisten geschimpft hat."[191]
Als Alfred Pfaff Anfang der 1970er Jahre in Zittenfelden im Odenwald ein Landhotel eröffnet, reist Helmut mit Freunden zu Alfred. Helmut, der auch in einem Frankfurter Kegelclub aktiv ist, organisiert gemeinsam mit seinen Kegelkollegen Ausflüge nach Zittenfelden. Abends sitzt er stundenlang mit Alfred am Stammtisch und philosophiert über vergangene Fußballzeiten.
1974 gewinnt die Eintracht in Düsseldorf erstmals den DFB-Pokal. Die von Dietrich Weise trainierte Mannschaft besiegt den Hamburger Sportverein nach Verlängerung mit 3:1. Helmut ist mit seinen Kumpels im Rheinstadion natürlich live dabei. Auch die weiteren Pokalsiege feiert er vor Ort, ebenso den Europapokalsieg 1980. Ansonsten verzichtet er berufsbedingt auf viele Auswärtsfahrten und auch die Trainingsbesuche am Riederwald werden in den 1970er und 1980er Jahren weniger.
Erst als Helmut 1994 in Rente geht, hat er wieder mehr Zeit für seine Eintracht. Als Taxifahrer verdient er sich die kommenden zwölf Jahre noch etwas Geld dazu. Aber der Job bietet ihm die Möglichkeit, fortan immer wieder an den Riederwald zu fahren, um das

Auch beim Pokalsieg 1981 im Stuttgarter Neckarstadion gegen den 1. FC Kaiserslautern ist Helmut vor Ort, ausnahmsweise nicht in der ersten Reihe.

Training der Profitruppe der Eintracht zu beobachten. Immer öfter findet man ihn am Riederwald, wo er zusammen mit seinen Freunden lautstark die Entwicklungen innerhalb des Vereins kommentiert. Die Truppe der Trainingskiebitze wird größer. Nach und nach stoßen Jakob, Eugen, Thomas, Herbert, Reinhold, Klausi, Fred, Thomas und Hans dazu. Nach dem Training trinken die Rentner einen Kaffee in der Riederwald-Kneipe, die von Alfred Pfaffs Tochter Uschi betrieben wird. Als die Eintracht Anfang der 1990er Jahre den vielgerühmten „Fußball 2000“ spielt, kommt Torhüter Uli Stein oft nach dem Training in die Kneipe. Er plaudert ein wenig mit den Riederwald-Rentnern, bevor er sich dem Spielautomaten „Lady Luck“ widmet, der in einem Eck der Gaststätte steht.

Die Trainigskiebitze

1996 gibt es in Frankfurt keinen „Fußball 2000“ mehr, das Bundesliga-Gründungsmitglied Eintracht Frankfurt steigt erstmals aus der Eliteliga ab. Für Helmut ist das die größte Enttäuschung seiner Fankarriere. Im Rückblick erinnert er sich: „Das Schlimmste waren die Abstiege. Das waren für mich die schlimmsten Erlebnisse. Ich war danach vier Tage nicht anzusprechen. Selbst die eigene Frau hat morgens nur ‚Guten Morgen‘ gesagt, die wusste schon, was los ist. Aber auch die Relegationsspiele, in denen die Eintracht ja dreimal war, die waren schlimm. Das war wie Tod und Teufel.“[192]

Nach dem Abstieg der Eintracht ändert sich in Frankfurt am Main viel. Immer mehr Fans engagieren sich im Verein, der um seine Existenz kämpft. Auf den Tribünen entsteht eine neue Fankultur, die mit großen Fahnen, organisierter Anfeuerung und Pyrotechnik auf sich aufmerksam macht. 1997 gründen sich die Ultras Frankfurt. Das Aufkommen dieser neuen Fankultur in Frankfurt beobachtet Helmut skeptisch. 2016 äußert er sich in einem Interview: „Meine Auffassung ist, dass immer mehr Publikum dazukommt, das sich für Fußball weniger interessiert. Viele kommen gar nicht mehr nur wegen dem Fußball, sondern weil das schon langsam ein gesellschaftliches Ereignis wird. Das hat sich in den letzten 20 Jahren total umgedreht. Ich erinnere mich, dass man in den ersten zehn, 15 Jahren nach dem Krieg auf dem Sportplatz höchstens fünf Prozent Frauen gesehen hat. Die sind einfach nicht zum Fußball gegangen, das war eine reine Männergesellschaft. Es wurde in den vergangenen Jahren aber auch bequemer beim Fußball, es kam die Bewirtung dazu, man konnte mal ein Würstchen essen oder was trinken. Das gab es ja früher nicht. Da gab es nur einen Eisverkäufer, der rumgelaufen ist mit einem Bauchladen und hat Eis verkauft, oder mal eine Waffel."[193]

Fehlendes Fingerspitzengefühl der Ordner

2006 gibt Helmut seine Dauerkarte, die er seit Ende der 1940er Jahre hatte, zurück. Er geht weiterhin zu Spielen ins Stadion, aber jedes Spiel zu besuchen, erscheint ihm zu viel. Mit mittlerweile 75 Jahren empfindet er die Stadionbesuche zunehmend als anstrengend. Und er ärgert sich über die strengen Kontrollen am Eingang, denen auch er sich aussetzen muss. „Tut mir leid. Ich meine, mir sieht man das ja an, dass ich nicht mehr 30 oder 40 oder 60 Jahre alt bin, sondern ein älterer Mensch. Da bilde ich mir ein, müsste jeder Ordner so viel Fingerspitzengefühl haben zu sagen, der ‚alte Bock' wird nichts mitbringen zum Abschießen. Aber das ist nicht so. Auch ich werde genau kontrolliert. Uns als jungen Menschen wäre das auch nie in den Sinn gekommen, derartige Dinge ins Stadion zu schmuggeln. Unmöglich. Wir haben ganz einfach andere Prioritäten gesetzt. Unsere Fahnen waren wichtig, unsere Hupen waren wichtig. Heute kommen doch zum Teil in den Blöcken die Leute schon alkoholisiert an. Und dann: Wir haben einen Impuls aus uns heraus gehabt, dass wir geschrien haben. Wir haben immer nur ‚Tempo!', ‚Auf geht's!', ‚Macht was!', ‚Tut was!' und ‚Kämpfen!' gerufen und solche Schlagworte. Heute steht einer mit dem Megafon vorne am Zaun des Blocks und befiehlt. Was soll denn das? Das ist doch alles gesteuert, das ist doch kein freier Wille mehr."[194]
Fortan verfolgt er seine Eintracht vor allem am Fernseher. Er leistet sich den Zugang zu PayTV-Sendern und schaut die Spiele mit seiner Frau Emmi vom Sofa aus. Wenn Helmut genervt ist vom Geplapper der Kommentatoren, stellt er den Ton ab. Emotional bleibt er weiterhin, Tore, Fehlentscheidungen und Gelbe Karten werden lauthals kommentiert. „In meinem Haus, hier wohne ich ja schon 30 Jahre, weiß jeder, was für ein Kerl ich bin. Ich bin bei Spielen so laut, da wird von oben geklopft und von unten geklopft. Aber ich spiele ja quasi mit. Wobei, meine Madame ist manchmal sogar schlimmer als ich."[195]

Frankfurt. Theresienstadt. Eine Spurensuche.

Dritte Halbzeit

Riederwald-Rentner

Um die Jahrtausendwende ist Helmut Sonneberg fester Bestandteil der Riederwald-Rentner-Runde. Die Truppe verfolgt das Training der ersten Mannschaft, danach wird der gemeinsame Kaffee getrunken. Unumstrittener Chef der Truppe ist Jakob, der die Organisation der Treffen übernimmt. Helmut gilt bei den Kiebitzen als „Alterspräsident". Als die Profis der Eintracht dem Riederwald im Jahr 2000 Lebewohl sagen und fortan am Stadion trainieren, bleiben die Senioren im Osten Frankfurts zurück. Den Riederwald-Rentnern erschien der Umzug an das Stadion nicht erstrebenswert. „Am Stadion gab es keinen Kaffee, außerdem hatten wir uns an den Riederwald gewöhnt. So haben wir beschlossen, einfach hier zu bleiben", fasst Sonny den gemeinsamen Entschluss zusammen. Die Konsequenz ist, dass die Trainingskiebitze fortan kein Training mehr beobachten können. Zwar fährt manch einer ab und an zum Stadion und beobachtet die Spieler bei ihren Übungsstunden, gemeinsamer Treffpunkt bleibt aber der Presseraum am Riederwald. Vom damaligen Eintracht-Präsidenten Rolf Heller haben sie Ende der 1990er Jahre den Schlüssel für den Presseraum übergeben bekommen. Seitdem treffen sie sich täglich in dem Raum, in dem schon Jupp Heynckes angekündigt hat, dass „die Uhren bei der Eintracht zukünftig anders gehen". Ihren Kaffee kochen sie, nachdem die Vereinskneipe geschlossen wurde, mittlerweile selbst. Wenn die Eintracht den Raum für eine Pressekonferenz des Vereins benötigt, legt Ute Hering, Sekretärin des Vereins, einen kleinen Zettel in den Raum, auf dem der Termin vermerkt ist. Damit weiß die Truppe, wann sie im Presseraum nicht tagen kann. Die meisten kommen dann trotzdem und schwätzen vor der Tribüne.

So finden die Treffen mit Kaffee ab 10 Uhr im Presseraum statt, sieben Tage die Woche, 365 Tage im Jahr. Zu Spitzenzeiten treffen sich hier 20 Riederwald-Rentner. Am Wochenende gibt es zum Kaffee noch Spießbratenbrötchen, und zweimal im Jahr finden Gemeinschaftsessen statt: Die gibt es zur Saisoneröffnung und zu Weihnachten. Bis dann im Herbst 2008 die Bagger anrollen und die alte Tribüne dem Erdboden gleichmachen. Die Eintracht startet ihr ehrgeiziges Projekt „Neubau Leistungszentrum". Wieder stehen die Riederwald-Rentner um Helmut Sonneberg ohne Dach über dem Kopf an einem Trainingsplatz, wo längst kein Profi mehr trainiert. Tristesse würde

Im Kassenhäuschen am Riederwald haben Sonny und seine Freunde es sich gemütlich gemacht.

es wohl manch einer nennen. Aber auch dieses Problem wird mit einem sensationellen Einfall gemeistert: Klaus Lötzbeier, Vizepräsident von Eintracht Frankfurt, erlaubt der Truppe, sich eines der alten Kassenhäuschen, die am Eingang an der Pestalozzischule ein kümmerliches Dasein fristen, einzurichten. Die Truppe macht sich ans Werk, in vier Wochen Arbeitszeit wird aus zwei der kleinen Kassenhäuschen eins. Der Durchgang, durch den einst die Fans gingen, wird mit Sperrholzplatten verschlossen und gedämmt, ein Holzfußboden wird verlegt. Es entsteht ein Raum, in dem alle elf Mitglieder der Stammtischrunde Platz nehmen können. Außerdem stehen zwei Plätze für Gäste zur Verfügung. Die Kosten für das Baumaterial, 400 Euro, werden von der Truppe gestemmt. Ein Freund sponsert einen kleinen Heizlüfter, der in den folgenden Jahren im Winter Tag und Nacht läuft, um angenehme Temperaturen zu schaffen. Die Eintracht übernimmt die Kosten für Strom und Wasser. In der Bude herrscht striktes Rauchverbot, außerdem gibt es eine strenge Sitzordnung. Helmut sitzt als „Alterspräsident“ immer am Kopf des Tisches, hinter ihm hängt ein großes Vereinswappen. Die Wände werden mit Bildern verschönert, in einem Regal sind Utensilien verstaut, die benötigt werden. Und oben im Regal thront die wichtige Kaffeemaschine.[196]

Besser echauffieren als aufregen

Die Riederwald-Runde erfüllt einen wichtigen sozialen Zweck: Sie bietet den Männern, die fast alle ins Rentenalter gekommen sind, eine Tagesstruktur. In einem Interview erinnerte sich der 2019 verstorbene Jakob: „Das hat hier ganz klar auch einen sozialen Touch, die Leute wissen, wo sie morgens hingehen. Und das Gesprächsthema ist natürlich Fußball, Fußball, Fußball.“[197] Doch auch andere Themen sind wichtig: Weiterhin wird sehr emotional über Vereinspolitik diskutiert, die Verkehrslage in Frankfurt am Main ist stets Thema, und auch die große Politik wird von der Truppe lauthals kommentiert. Helmut ist bei den Diskussionen immer mittendrin, oft ist er Wortführer. Der Journalist Ron Ulrich hat Helmut in einem Artikel einmal sehr anschaulich beschrieben: „Dann fährt seine große Hand mit den angerauten Kuppen durch sein Gesicht, als wollte er sich waschen. Weil er die von ihm Geschmähten so abstoßend findet. Jetzt gerade sind es die Leute vom Bezahlfernsehen, die ihm seine heißgeliebte englische Premier League verwehren, aber dennoch den vollen Abo-Preis verlangen. Sonny kann schneller hochfahren als ein Porsche 911, er beklagt die Zerstückelung der Spieltage, die Schlaglöcher in den Straßen, die Abwehr der Eintracht, den Kapitalismus (‚Schreibe Se des uff! Mer lebbe in aaner Kapitaldiktatur'), die Winterzeit, die Kontrollen im Stadion, ja Sonny beklagt sich sogar über Leute, die sich über ihn beklagen. Über ihn und seinen Stammtisch. Wenn mal wieder zu laut über die Eintracht geschimpft wird. Nun sagt Sonny selbst, dass er ein ‚Quertreiber' sei, und nach fünf Minuten mit ihm und dabei 14 abgearbeiteten Themen könnte der Eindruck entstehen, man wäre dem leibhaftigen Julius Caesar der Meckerrentner begegnet. Doch das täuscht: Sonny, dieser fitte und agile Adler Statesman, er kokettiert halt gerne. Er sagt eben auch, dass er sich ‚echauffieren' könne, er sagt nicht, dass er sich ‚aufregt' oder ‚uffresche tut'. Er pflegt die alte Schule, überbordendes Temperament mit elaboriertem Stil einzuhegen."[198]

Politische Diskussionen im Riederwald-Kassenhäuschen enden nicht selten in gängigen Stammtischparolen. Es geht um „wir" und „die", es geht um abgehobene Politiker, die gar nicht wissen, was die Menschen für Nöte haben, es geht auch um Ausländer, Asylrecht und Sozialleistungen. Als sich ein Mitglied der Riederwald-Rentner der neugegründeten AfD anschließt, wird darüber innerhalb der Truppe intensiv diskutiert. In diesen Momenten hält sich Helmut zurück, obwohl er in diesen Jahren auch die „überbordende Zahlung von Sozialleistungen" immer wieder kritisiert. Er selbst, so sagt er, war sein Leben lang nicht beim Amt und hat Hilfe gefordert. Dass er selbst das „Wir" und „Die" aus anderer Perspektive erlebt hat, erzählt er vor seinen Stammtischkollegen nicht. Er glaubt, dass sich seine Kumpels schon denken können, dass er als Jude geboren wurde. „Bei meinem Namen, bei der Nase und den Ohren haben die das vermutlich gewusst, aber es hat mich nie jemand drauf angesprochen."[199] Dass er mit dem Verweis auf seine Nase selbst antisemitische Stereotype bedient, realisiert Helmut dabei nicht.

Beliebtestes Thema bei den Riederwald-Rentnern ist und bleibt aber die Vergangenheit: Die alten Zeiten werden glorifiziert, als der Fußball sich angeblich nicht nur um Geld gedreht hat, als es in Frankfurt angeblich noch sicher war und als die Leute angeblich noch anständig waren. Und so kommt Helmut auch in Kontakt mit dem Vereinsarchiv der Eintracht. 1999 haben Eintracht-Fans in einem kleinen Raum im ersten Stock des Riederwalds ein Vereinsarchiv eingerichtet, in dem sie Unterlagen zur Historie der Eintracht sammeln. Die Sammlung vergrößert sich ständig und die neugegründete Fan- und Förderabteilung setzt sich dafür ein, dass im neuen Waldstadion ein Eintracht-Museum entstehen soll. Hier soll die Vereinsgeschichte von den Anfängen bis zur Gegenwart präsentiert werden. Die Vorbereitungen dafür laufen, der Stadionbetreiber hat Bereitschaft signalisiert, nach der Fußball-Weltmeisterschaft 2006 einen Raum im Stadion zur Verfügung zu stellen. Als der Platz im Archiv eng wird, stellt der Verein der Fanabteilung einen Teil der mittlerweile leerstehenden Vereinsgaststätte zur Verfügung. So wandert das Vereinsarchiv 2005 ins Erdgeschoss des Riederwalds. Der Zugang zur Sammlung erfolgt über den Presseraum, in dem sich die Riederwald-Rentner zu dieser Zeit treffen. Die sind natürlich an der neuen Nachbarschaft interessiert, allen voran Helmut Sonneberg, der ja längst selbst Teil der Eintracht-Geschichte ist.

Sonny wird zum Zeitzeugen

Immer wieder schaut sich Helmut im Archiv in der ehemaligen Gaststätte um, samstagvormittags sind oft Mitarbeiter des Archivs vor Ort. Die genießen die Versorgung durch die Eintracht-Rentner, denn für die Sammler gibt es immer auch Spießbratenbrötchen und Kaffee. Helmut bringt Bilder aus seiner Jugend mit, gibt Informationen, wo ehemalige Eintrachtler wohnen, und weiß, wer zur Sammlung eventuell noch etwas beisteuern könnte. Als Matthias Thoma im März 2007 im Jüdischen Museum in Frankfurt das Buch „Wir waren die Juddebube" vorstellt, zeigt sich Helmut sehr interessiert. Einige Wochen nach der Buchvorstellung kommt er vormittags ins Archiv, blättert in dem Buch und sagt: „Da kann ich dir einiges zu sagen." Thoma wird hellhörig und erkundigt sich, was Helmut zur Geschichte der Eintracht im Nationalsozialismus weiß. Und Helmut Sonneberg berichtet, wie er als Kind selbst verfolgt und gegen Ende des Zweiten Weltkriegs nach Theresienstadt deportiert wurde. Thoma hakt nach und lässt sich Sonnebergs Familiengeschichte ausführlich erzählen. Danach gibt

es im Presseraum Spießbratenbrötchen und Kaffee – Helmuts Kindheit ist in den darauffolgenden Gesprächen über die Eintracht und das Weltgeschehen kein Thema mehr. In den folgenden Monaten wird der Kontakt zu Helmut Sonneberg intensiver. Er berichtet über die Fanszene der 1950er Jahre, über Auswärtsfahrten und die Meisterschaft und übergibt dem Vereinsarchiv Fotos vom Titelgewinn und den Zylinder, den er 1959 in Berlin getragen hat. Als Ende 2007 das Eintracht-Museum eröffnet wird, ziert der Zylinder die Vitrine zur Deutschen Meisterschaft. Trotz ständiger Versuche, seine Erinnerungen schriftlich festzuhalten, ist Helmut zu diesem Zeitpunkt nicht dazu zu bewegen, aus seiner Kindheit zu berichten. Im Vieraugengespräch sprudelt es dagegen nur so aus ihm heraus, er erzählt von seiner Familie, vom Rothschildhaus, vom Judenstern und von Theresienstadt. Aber diese Erinnerungen sollen seiner Meinung nach lieber im privaten Rahmen bleiben und nicht Teil einer öffentlichen Veranstaltung werden. Zu unsicher ist er sich, wie die Öffentlichkeit darauf reagieren könnte, durchaus verbunden mit der Angst, erneut als Jude stigmatisiert zu werden.
Aber auch Sonnys Geschichte als Eintracht-Fan interessiert die Anhänger. Im Vereinsmagazin und in der Zeitschrift „11Freunde" erscheinen erste Artikel über die Riederwald-Rentner, die sich das Kassenhäuschen zu ihrem Treffpunkt umgebaut haben. Weitere Zeitungen folgen, die „Bild" berichtet, sogar die „FAZ" widmet der kleinen Truppe unter dem Titel „Die Rentner vom Riederwald" einen ganzseitigen Artikel.[200] In allen Geschichten taucht Sonny prominent auf, er ist eines der Gesichter der Riederwald-Rentner.

Lieber nicht outen

Im Januar 2010 tritt Sonny erstmals im Eintracht Frankfurt Museum auf. In der Veranstaltungsreihe „XY erklärt die Eintracht" kommen Menschen zu Wort, die dem Verein ein Gesicht geben. Gäste der Veranstaltungsreihe waren zuvor Anton Hübler, mehr als 40 Jahre Zeugwart am Riederwald. Auch Dr. Othmar Hermann, der Privatsammler aus Rödelheim, berichtete an einem Abend über seine Eintracht-Vita, ebenso Kurt E. Schmidt, ein Eintracht-Original, der Mannschaftsbetreuer, Kassenrevisor, Stadionsprecher der U23 und guter Geist der Eintracht war. In dieser Reihe ist nun Helmut Sonneberg zu Gast, moderiert wird der Abend von Axel „Beve" Hoffmann. Vom Museum erhält Helmut nun eine eigene Autogrammkarte, die er in den folgenden Jahren immer bei sich hat und fleißig signiert. Auf der Vorderseite ist er auf der Fahrt nach Berlin 1959 zu sehen, mit Zylinder und Auto. Auf der Rückseite ist ein aktuelles Foto von Helmut, dazu, wie auf jeder Autogrammkarte, persönliche Daten. Unter dem Feld „größte Erfolge" ist vermerkt: „Deutscher Meister 1959 – als Fan". Im Vorfeld des Abends im Eintracht-Museum bittet er sich explizit aus, dass das Thema seiner Verfolgung während des Nationalsozialismus an dem Abend im Museum nicht angesprochen werden soll. Fragen zu seiner Kindheit sollten wir doch an seine Schwester stellen, die wisse darüber gut Bescheid. Und so findet der Abend „Sonny erklärt die Eintracht" vor vollem Haus im Museum statt, seine Biografie startet hier aber erst 1946 mit seiner Anmeldung zur Eintracht. Selbst geschichtsinteressierte Fans, die Helmut Sonneberg mittlerweile schon seit Jahren kennen, wissen bis zu diesem Zeitpunkt nichts über Helmuts Kindheit. Doch wenn man genau hinhört, findet man versteckte Hinweise auf die Verfolgung. So spricht Helmut in einem Interview über die Reise 1960 nach Glasgow und berichtet, dass er ja der englischen Sprache nicht mächtig war. In seinen Worten hört sich das so an: „Ich konnte kein Englisch. War ja damals beim Hitler verboten, dass man Englisch lernt. Gab's ja nicht. Ich hatte ja mit meiner Vita sowieso wenig Schule gehabt, aber gut, wir sind da hingekommen, war wunderbar."[201]

Lediglich die Besucher der Ausstellung „59 Meister", die 2009 zum 50. Jahrestag des Gewinns der Deutschen Meisterschaft im Museum gezeigt wird, finden in der Ausstellung und im Begleitbuch einen kurzen Hinweis. Hier wird Helmut Sonneberg auf Seite 28 vorgestellt und in der Beschreibung heißt es: „Als Sohn einer jüdischen Frankfurterin, die mit einem Christen verheiratet war, wurde Helmut Sonneberg in den letzten Kriegswochen im Februar 1945 noch deportiert, überlebt den Naziterror jedoch im Ghetto Theresienstadt."[202] Diese 30 Worte, die den kurzen Lebenslauf des Eintracht-Fans vervollständigen, müssen gegenüber Sonny erkämpft werden. Aus seiner Sicht gehört das Thema nicht in ein Buch zum Titelgewinn von 1959, doch letztlich genehmigt er den Satz. „Und wenn ihr mehr wissen wollt, fragt meine Schwester."

2010 bekommt Helmut vom Eintracht-Museum eine eigene Autogrammkarte.

Familienbande

Helmuts Stiefvater Fritz arbeitet bis zu seiner Rente bei der Firma Nagel. Er stirbt 1970 im Alter von 77 Jahren, Helmuts Mutter Ria verstirbt 1980 im Alter von 82 Jahren. Beide haben nach 1945 nie mehr über die Zeit der Verfolgung gesprochen. Unmittelbar nach dem Krieg war Recha aus der Katholischen Kirche ausgetreten, ein Wiedereintritt ist für 1963 dokumentiert.[203] Helmuts jüngste Schwester Gerda, die 1945 vorübergehend in ein Kinderheim kam, erfuhr erst als Erwachsene von der Verfolgung der Familie. Gerda ist 2023 79 Jahre alt und lebt in Frankfurt am Main.

Helmuts Schwester Lilo macht nach dem Krieg eine Ausbildung zur Erzieherin. Sie verliebt sich in Hans Günzler, einen Freund von Helmut, die beiden heiraten und bekommen zwei Kinder. Zunächst wohnt die Familie im Stadtteil Niederrad, 1965 folgt ein Umzug in den Stadtteil Schwanheim. Ab 1970 arbeitet Lilo Günzler als Erzieherin und Lehrerin an der Minna-Specht-Schule in Schwanheim. Als Pensionärin wird sie erste Vorsitzende im Heimat- und Geschichtsverein, außerdem arbeitet sie im Pfarrgemeinderat der St. Mauritius-Gemeinde. Lilo leitet einen Theaterkreis und schreibt selbst historische Theaterstücke zur Schwanheimer Geschichte. In Schwanheim ist sie ein bekanntes Gesicht, wird als gutmütige und hilfsbereite Frau geschätzt und ist bestens vernetzt.

Agnes Rummeleit, die ebenfalls im dortigen Heimat- und Geschichtsverein engagiert ist, lernt Lilo Günzler in der Pfarrgemeinde kennen. Als Gemeindemitglieder im Jahr 2000 gemeinsam nach Israel reisen, teilen sich Agnes und Lilo ein Zimmer. In Israel vertraut Lilo der Zimmernachbarin ihre Familiengeschichte an. Genau wie Helmut hat Lilo bis dahin nicht über ihre Verfolgung gesprochen. Selbst ihrem Mann Hans, der 1991 verstorben ist, hatte sie sich nicht anvertraut. Als der Film „Schindlers Liste" 1993 in die Kinos kommt und ein großer Erfolg wird, gründet US-Regisseur Steven Spielberg die Shoah Foundation. Diese macht sich zur Aufgabe, Interviews mit Shoah-Überlebenden zu führen, um diese für die Nachwelt zu erhalten. Insgesamt werden etwa 52.000 Menschen aus 56 Ländern interviewt, in Deutschland werden 674 Zeitzeugen interviewt. Sowohl Lilo Günzler als auch Helmut machen bei dem Projekt mit und erzählen den Interviewern ihre Erinnerungen. Lilo wird am 8. November 1996 interviewt,

Helmut am 11. Dezember des gleichen Jahres. Zum Abschluss des Interviews sagt Helmut: „Wir alle, die überlebt haben, verdrängen das, was war. Ich möchte so ein Gespräch wie heute nur mit guten Freunden und mit meiner Familie führen. Und an das Schlechte nicht mehr erinnert werden." Als sich die Journalistin Dorothea Schuler bei ihm für seine Offenheit bedankt, antwortet Helmut: „Na ja, das ist vielleicht auch für meine Tochter und für das Enkelchen, dass die vielleicht mal in etwa wissen, was war. Es ist ja nur ein kleiner Auszug."[204]

Einen Einfluss auf ihr Auftreten in Frankfurt am Main haben die Interviews mit der Shoah Foundation aber nicht. In Frankfurt schweigen Lilo und Helmut weiterhin. „Nach dem Interview mit meinem Vater habe ich ihn gefragt, ob ich mir das Video mal anschauen könne. Helmut hat eine Kassette bekommen. Doch er hat gesagt, ‚Das kriegst du nicht, das kannst du dir nach meinem Tod mal anschauen'"[205], erinnert sich Suzanne. Auch Lilo verschweigt das Interview mit der Shoah Foundation. Im Rahmen einer Recherche zum Frankfurter Kinderhaus der Weiblichen Fürsorge e. V. führt Lilo im Herbst 2011 ein längeres Gespräch mit dem Autor Volker Mahnkopp. Einige Monate später ist auch Helmut bereit, mit Herrn Mahnkopp zu sprechen. Er erzählt ihm seine Erinnerungen an die Zeit in der Hans-Thoma-Straße.

Die Schwester spricht erstmals

In der Öffentlichkeit spricht Lilo erstmals 2005 über die Verfolgung der Familie. Anlässlich einer Gedenkfeier zum 60. Jahrestag des Kriegsendes spricht sie in der Kirchengemeinde in Schwanheim über ihre Kindheit. Die Bildungsstätte Anne Frank bittet sie, als Zeitzeugin mit Schulklassen zu arbeiten, was Lilo in den folgenden Jahren immer wieder macht. Auch als Stadtteil-Historikerin ist Lilo aktiv. Ihre Freundin Agnes Rummeleit ermuntert Lilo, ihre Lebensgeschichte aufzuschreiben. 2008 endlich entscheidet sich Lilo, das zu tun. Agnes Rummeleit hilft ihr dabei, 2009 wird das Buch „Endlich reden" im Verlag Henrich Editionen veröffentlicht. In dem Buch beschreibt Lilo die Familiengeschichte der Wessingers aus ihrer Sicht. Und in einem Interview offenbart sie auch, dass sie aus Scham und Angst über 50 Jahre zu der Geschichte geschwiegen hat; sie sagt, sie musste sich nach dem Krieg eine „andere Identität" aufbauen: „Ich habe diese Zeit gebraucht, der Neuanfang hier in Schwanheim, überhaupt die ganze Zeit mit meinem Mann und den Kindern seit 1965." Erst als sie sich einen festen Stand im Stadtteil erarbeitet hatte, schreibt sie das Buch. „Als alle mich mochten, fühlte ich mich endlich sicher genug, meine ganze Geschichte zu erzählen. Agnes Rummeleit hat mich gezwungen, mich wieder und wieder mit den Details zu befassen, die einem Nachgeborenen unverständlich waren. Das hat sich für unser Buch als sehr wertvoll erwiesen."[206]

Das Buch „Endlich reden" wird ein großer Erfolg, bis heute erscheint es in vier Auflagen. Mit dem Buch reist Lilo Günzler durch Hessen, als Zeitzeugin ist sie eine gefragte Frau. Für ihr vielseitiges ehrenamtliches Engagement wird sie 2009 mit dem Bundesverdienstkreuz geehrt. 2011 verleiht ihr die Stadt Frankfurt am Main die Bürgermedaille.

Helmuts Verhältnis zu seiner Schwester Lilo ist schwierig, obwohl die beiden nichts aufeinander kommen lassen und zuverlässig zusammenstehen. Zu Helmuts 80. Geburtstag schreibt ihm Lilo 2011 einen sehr persönlichen Brief, in dem sie sich bei ihm bedankt: „Lieber Helmut, heute bist Du 80 Jahre geworden. Nie habe ich in meiner Kindheit gedacht, dass wir so alt werden würden. Im Rothschildhaus habe ich am Abend oft beobachtet, wie die Sonne unterging, und ich habe darum gebetet, dass ich sie am Morgen wieder aufgehen sehe. Wie oft haben wir beide zitternd im Keller gesessen, voller Angst. Immer haben wir zwei dicht beieinandergesessen. Ich habe Dir noch nie Danke gesagt, dass ich durch Dich Hans kennen gelernt habe, so sage ich es heute. Ich wünsche Dir noch viele schöne Tage bei bester Gesundheit und ohne Sorgen und Schmerzen. Deine Schwester Lilo."[207]

Doch Lilo kann sehr dominant auftreten und Helmut fällt es oft schwer, seinen Willen durchzusetzen. Als Lilo das Buch „Endlich reden" veröffentlicht, stößt das bei Helmut ganz und gar nicht auf Begeisterung. Er möchte weiterhin nicht, dass seine Geschichte öffentlich wird – genau das passiert aber mit dem Erscheinen des Buchs. Zwar sind seine Fußballkumpels zu großen Teilen nicht das Klientel, das sich ein Buch einer Lilo Günzler kauft, aber wer das Buch liest, findet hier auch die Biografie

Helmut mit seinen Schwestern Gerdi und Lilo, Aufnahme aus dem Jahr 2005.

Helmuts. Zur Buchvorstellung ist er eingeladen, bei der Veranstaltung merken enge Freunde und seine Familie, dass er an dieser Art der Öffentlichkeit kein Interesse hat. „Als das Buch rauskam, war er richtig böse, weil seine Geschichte darin vorkam. Lilo hat seine Geschichte quasi öffentlich gemacht"[208], erinnert sich Tochter Suzanne an die Buchvorstellung.

Zu schwer, über das Erlebte zu sprechen

Dass Helmut mit der Veröffentlichung seiner Schwester nicht einverstanden war, hat vermutlich zwei Gründe. Zum einen hatte er zeit seines Lebens Angst, als „Jude" entdeckt und in der Folge benachteiligt zu werden. Zum anderen bekommt Lilo mit der Herausgabe des Buchs eine Aufmerksamkeit, die sich Helmut zu diesem Zeitpunkt insgeheim vielleicht auch gewünscht hätte. In vielen Gesprächen berichtet Helmut darüber, dass seine Schwester ja letztlich „seine" Geschichte aufgeschrieben hätte. Denn Lilo sei nicht in Theresienstadt gewesen, sondern er. Als Lilo 2009 das Bundesverdienstkreuz verliehen bekommt, ist Helmut zwar stolz auf seine Schwester. Trotzdem erwähnt er in Gesprächen immer wieder, dass ja nicht sie im Ghetto war, sondern er. „Er hatte schon das Gefühl, dass er zurückgesetzt gewesen sei, und seine Schwester bekommt die Anerkennung für seine Geschichte", sagt Suzanne. Auch in persönlichen Gesprächen merkt man Helmut an, dass ihm die Aufmerksamkeit, die seine Schwester nach der Buchveröffentlichung erhält, zu viel ist. Er weist auf Fehler in dem Buch hin, beispielsweise die Erinnerung, dass die Deportation nach Theresienstadt vom Ostbahnhof startete: „Ich bin an der Großmarkthalle losgefahren, nicht am Ostbahnhof. Da hat sich meine Schwester geirrt."[209]

Einmal hatte Helmut versucht, seine Geschichte unter dem Naziregime öffentlich zu erzählen. Das war Ende der 1970er Jahre. Als im Geschichtsunterricht seiner Tochter Suzanne die Zeit des Nationalsozialismus behandelt wird, bittet sie ihren Vater, vor der Klasse über seine Kindheit zu sprechen. Helmut sagt zu und fährt vormittags in die Schule. „Da saßen dann so 25 oder 30 junge Leute vor mir, Schülerinnen und Schüler. Ich habe drei Sätze gesprochen, und dann war es vorbei. Ich konnte über die Erinnerungen

nicht sprechen, es war unmöglich. Die Lehrerin hat die Veranstaltung dann abgebrochen."[210] Auch Suzanne möchte gerne mehr über die Geschichte des Vaters erfahren, es macht sie traurig, dass sie vieles im Buch von Lilo nachlesen muss, statt es von Helmut selbst zu hören. Als das Buch erscheint, ist Suzanne 43 Jahre alt. Was sie im Buch „Endlich reden" liest, darüber hat ihr Vater mit ihr nie gesprochen.
Suzanne Schnell fährt mit ihrer Tochter Leonie nach Weimar und besichtigt das Konzentrationslager Buchenwald. Helmut freut sich zwar, dass sich seine Familie für die Geschichte interessiert. Mitfahren will er aber nicht. Suzanne bietet Helmut auch an, gemeinsam mit ihm nach Theresienstadt zu fahren. Lilo findet die Idee nicht gut und rät Helmut davon ab. Und Helmut sagt seiner Tochter ab. Suzanne erinnert sich: „Ich habe ja zu Hause gar nicht mehr nachgehakt. Du spürst einfach, es war nie der richtige Zeitpunkt, es war nie der richtige Moment. Und es war einfach nicht seins. Ich habe immer gesagt, wenn du drüber sprechen möchtest, ich fände das sehr wichtig. Ich habe meine Gesprächsbereitschaft signalisiert und habe ihm das auch mitgeteilt. Und ich dachte, er muss kommen. Ich kann ihm das nicht aufzwingen. Es war nicht immer einfach. Ich habe versucht, das zu akzeptieren, dass er nicht drüber sprechen möchte. Aber für mich, für die Aufarbeitung meiner Geschichte, meiner Vergangenheit, gehört das dazu. Doch wie gesagt, ich konnte es verstehen und wollte ihn da auch nicht drängen. Und hab das dann einfach hingenommen. Ich glaube, er wollte uns da im familiären Rahmen nicht mit belasten."[211]

Erstmals reden

Lilo Günzler ist seit der Veröffentlichung ihres Buchs immer wieder bei Veranstaltungen, in Schulen und Gemeinden zu Gast. Sie berichtet ergreifend über die Familiengeschichte. Helmut fährt sie ab und an zu Schulen und sitzt in diesen Stunden manchmal im Lehrerzimmer und wartet. „Meine Schwester war ja nicht so wie ich, sie war viel, viel ernster. Ich war einmal mit im Rheingau, da hat Lilo an einer Eliteschule gesprochen. Da ist an dem Tag ihr Fahrdienst ausgefallen. Und so hat sie mich gebeten, ob ich sie da hinfahren könnte. Sie würde auch das Benzin zahlen. Da sind wir zusammen in den Rheingau gefahren. Ich habe ihren Vortrag nicht gehört, aber vorher die Gespräche mit der Lehrerschaft. Während dem Vortrag habe ich im Lehrerzimmer warten dürfen.“[212]

Die Vorstellung, dass eine Frau aus einer verfolgten Familie zu einem Zeitzeugengespräch geladen wird und ihr Bruder, der nach Theresienstadt deportiert wurde, während der Veranstaltung im Lehrerzimmer wartet, erscheint nur schwer verständlich. Doch erst als Lilo ihr Engagement als Zeitzeugin aus gesundheitlichen Gründen einschränken und später ganz beenden muss, ist Helmut bereit, selbst über seine Erlebnisse zu erzählen. Die ersten öffentlichen Auftritte im Eintracht-Museum absolviert Helmut genau in der Zeit, in der seine Schwester keine Veranstaltungen mehr besuchen kann. Lilo Günzler stirbt am 11. Februar 2020 in Frankfurt. In einem Nachruf schreibt Meron Mendel, Direktor der Bildungsstätte Anne Frank: „Ich bin dankbar dafür, dass Lilo Günzler ihre Erfahrungen mit uns geteilt und sie zahlreichen Jugendlichen zugänglich gemacht hat. Sie hat es vermocht, auch sehr junge Menschen zu erreichen und ihnen über ihre persönliche Geschichte einen Zugang zur NS-Vergangenheit zu ermöglichen, der weit über Geschichtsvermittlung hinausging.“[213] 2020 wird in Schwanheim eine Straße nach Lilo Günzler benannt.

Helmut hat im 2007 in der Haupttribüne des Stadions eröffneten Eintracht Frankfurt Museum eine zweite Heimat gefunden. Einmal wöchentlich kommt er vormittags vorbei und bringt den Mitarbeiterinnen und Mitarbeitern Kreppel, bei einem Kaffee wird die aktuelle Situation der Eintracht bewertet. Als das Museum ein Freundschaftsspiel des „Teams Museum“ gegen die Altherrenmannschaft der Eintracht organisiert,

2011 spielt ein Museumsteam gegen die älteste Soma der Eintracht. Helmut steht im Alter von 80 Jahren im Tor des Museumsteams.

ist Helmut wie selbstverständlich dabei. 2011 spielt die Museumself gegen die älteste Soma der Eintracht. Die bietet mit Erwin Stein, Istvan Sztani, Wolfgang Avenarius, den Gebrüdern Klisch und Manfred Picard einige Stars auf, die längst im Fußballrentenalter sind. Im Tor des Teams Museum steht kein Geringerer als Helmut Sonneberg, der mittlerweile stolze 80 Jahre alt ist.

Klare Kante gegen Antisemitismus

Ende 2017 äußert sich Eintracht-Präsident Peter Fischer zur AfD, die mittlerweile in Deutschland große Wahlerfolge erzielt. in einem Interview mit der Frankfurter Allgemeinen Zeitung sagt er: „Es kann niemand bei uns Mitglied sein, der diese Partei wählt, in der es rassistische und menschenverachtende Tendenzen gibt."[214] Fischer bezieht sich dabei auf die Vereinssatzung, deren Kern „komplett gegensätzlich zu dem ist, was die AfD fordert". Mit seinen Aussagen bezieht er sich explizit auch auf die Geschichte der Eintracht: „Wir als Eintracht Frankfurt sind als Gegner der Antisemiten bekannt und von unserer Geschichte geprägt, die jedem bekannt sein sollte, der sich mit uns identifizieren möchte: Wir wurden in der NS-Zeit als ‚Juddebube' verunglimpft."[215] Die AfD stellt wegen „Beleidigung, übler Nachrede und Verunglimpfung" Strafanzeige gegen Fischer, doch der legt nach: „Es gibt für die braune Brut keinen Platz. Solange ich da bin, wird es keine Nazis bei Eintracht Frankfurt geben."[216]
In den folgenden Wochen entsteht eine hitzig geführte Diskussion, inwieweit ein Verein das Wahlverhalten seiner Mitglieder beurteilen darf und kann. Die Bildzeitung reagiert auf besondere Weise auf Fischers Ausführungen zur Unvereinbarkeit von Eintracht-Mitgliedschaft und rechtsradikaler Orientierung. Am 5. Januar 2018 berichtet die Zeitung auf der Titelseite über den ehemaligen Nationalspieler und Eintracht-Präsidenten Rudolf Gramlich, der im Nationalsozialismus bei der SS war, im Verein aber immer noch als Ehrenpräsident geführt wird.[217] Auf der Mitgliederversammlung des Vereins am 28. Januar 2018 berichtet das Präsidium, dass man eine unabhängige Institution mit der Aufarbeitung des Wirkens von Rudolf Gramlich und den anderen Vereinsführern der Eintracht im Nationalsozialismus beauftragen wird. Angeregt vom

Verein startet das Fritz Bauer Institut 2019 ein Forschungsprojekt zu den Vereinsführern der Eintracht, die Ergebnisse werden 2020 vorgestellt. Als Konsequenz erkennt Eintracht Frankfurt Rudolf Gramlich bei der Mitgliederversammlung 2020 posthum die Ehrenpräsidentschaftswürde ab.

Helmut Sonneberg verfolgt die Diskussionen um die Ehrenpräsidentschaft von Rudolf Gramlich sehr genau. Er selbst ist kein Mitglied mehr im Verein, er berichtet, dass er wegen Rudolf Gramlich ausgetreten sei: „Als ich nach dem Krieg angefangen habe zu kicken, war ich zu jung dazu, um das überhaupt in Erwägung zu ziehen. Aber irgendwann, ich war schon über 20 Jahre bei der Eintracht, da habe ich gehört, der Rudi Gramlich, unser Vorsitzender, war bei der Waffen-SS. Entweder Ober- oder Untersturmbannführer. Und da bin ich natürlich hellhörig geworden. Und als Bilder auftauchten, da gibt es ein oder zwei Bilder, auf denen er in Uniform zu sehen ist, da habe ich gesagt, das vereinbart sich mit meinem Charakter nicht. Ich, der unter diesen Uniformen keine Schule mehr hatte, nicht auf die Straße durfte, mit dem gelben Stern rumlaufen musste, noch nach Theresienstadt musste. Nein, da bin ich aus der Eintracht ausgetreten, als mir das im Kopf offenbar wurde. Das hat mir natürlich im Herz wehgetan, das war ja meine Eintracht, aber im Verein wollte ich nicht mehr sein.“[218] Das genaue Austrittsdatum von Helmut konnte für dieses Buch nicht verifiziert werden. Austritte wurden in den Vereinszeitungen nicht dokumentiert. Bereits in den 1950er Jahren muss Helmut den Verein einmal verlassen haben, vermutlich, als er den Jugendmannschaften entwachsen war. Im November 1960 wird er in den „Eintracht-Heften“ mit Postanschrift Schweizer Straße 55 unter der Mitgliedsnummer S 342 wieder als Neumitglied vorgestellt, fortan spielt er bei den 3. oder 4. Amateuren. Da Helmut Sonneberg nach dem DFB-Pokalfinale 1964 mit Peter Zehrlaut noch ein Neumitglied für den Verein geworben hat und in dem Zusammenhang als Werber genannt wurde, muss er den Verein nach 1964 verlassen haben.[219] Öffentliche Aufmerksamkeit erregte Gramlichs Vergangenheit bei der SS noch einmal Ende der 1960er Jahre. Heinrich Baab, der zu lebenslanger Zuchthausstrafe verurteilte ehemalige Leiter des Judenreferats in Frankfurt am Main, hatte vor Mitgefangenen und in

Rudolf Gramlich als Präsident der Eintracht nach dem Gewinn der Meisterschaft 1959 …

… und als Mitglied der Waffen-SS im besetzten Krakau, Dezember 1939.

schriftlichen „Erinnerungen" verschiedene Vorwürfe gegen Rudolf Gramlich und dessen Bruder Ludwig geäußert. Doch die Vorwürfe Baabs wurden wegen des Eintritts der Strafverfolgungsverjährung nicht weiterverfolgt, von der Einleitung eines Ermittlungsverfahrens wurde abgesehen.[220]

Dass die Eintracht jetzt, nach über 70 Jahren, das Wirken von Rudolf Gramlich untersuchen lässt, bedeutet für Helmut Sonneberg eine tiefe Befriedigung. Auch die Zusammenarbeit mit dem Fritz Bauer Institut sieht er positiv. Die Aktivitäten des Generalstaatsanwalts Fritz Bauer hat Helmut immer intensiv verfolgt. Bei den ersten Frankfurter Auschwitzprozessen 1963 bis 1965 saß Helmut oft im Verhandlungssaal. Nun erkundigt sich Sonny bei den wöchentlichen Kreppelrunden im Museum nach dem Stand der Dinge bei den Forschungen zu Rudolf Gramlich. Auch das Engagement von Peter Fischer begrüßt er und lobt den Einsatz gegen die antidemokratischen Ansichten der AfD ausdrücklich.

Die Idee: Ein Bildungsprojekt zu Sonnys Leben

Drehten sich die Gespräche im Museum bislang meist um Stürmer, Ablösesummen und Auswärtsfahrten der 1950er Jahre, beginnt Helmut, Vergleiche zu seiner Jugend zu ziehen. Nun erzählt er, wie er wochenlang zu Hause sitzen musste, während andere Kinder Fußball spielen durften. Er erzählt, wie er die Zeit im Kinderheim erlebt hat und im jüdischen Waisenhaus. Er berichtet über seine Deportation nach Theresienstadt und die Rückkehr nach Frankfurt am Main. Er erinnert sich, wie er noch nach dem Krieg Angst vor den Nazis hatte, die ja nicht weg waren. Und er erzählt, dass er nicht verstehen konnte, wie die Eintracht Rudolf Gramlich als Präsidenten akzeptieren konnte, der damals ja bei der SS war. In diesen Wochen entsteht die Idee, gemeinsam mit Eintracht-Fans ein Projekt zum Leben von Helmut zu organisieren. Helmut ist bei der Eintracht bekannt wie ein bunter Hund. Wie wäre es, wenn er im Museum einmal vor seinen Freunden über seine Kindheit berichten würde? Eine Veranstaltungsreihe könnte auch einen Besuch der Gedenkstätte in der Großmarkthalle beinhalten, außerdem könnte man einen Stadtrundgang auf den Spuren jüdischer Eintrachtler organisieren. Und vielleicht könnte sich sogar eine Gruppe Eintrachtler auf die Reise nach Theresienstadt begeben, begleitet von Helmut und seiner Lebenspartnerin Emmi. Helmut ist skeptisch, aber er zeigt sich erstmals interessiert. Und er erwähnt, dass seine Schwester Lilo ja krankheitsbedingt nicht mehr reden könne.

In den folgenden Monaten finden immer intensivere Gespräche statt, in denen Helmut ausführlich über seine Kindheit erzählt. Man merkt ihm an, dass es ihm guttut, über die traumatischen Erlebnisse zu sprechen. Doch stets „dosiert" er die Erinnerungen. Das überragende Thema der Gespräche bleiben weiterhin die aktuellen Vorgänge bei der Eintracht, die im Mai 2018 erstmals seit 30 Jahren wieder den DFB-Pokal gewonnen hat. Neben dem großen Titelgewinn hat Helmut noch einen weiteren Grund zu feiern: An seinem 87. Geburtstag ist seine Enkelin Leonie Mutter geworden, Helmut ist jetzt stolzer Uropa von Matilda. Die Erzählungen von Verfolgung und Demütigungen werden von Helmut stets in emotionale Diskussionen über die Kicker der Eintracht oder Berichte über seine Urenkelin eingepasst. Als im Herbst 2018 im Eintracht-Museum eine Lehrerfortbildung zum Thema Sport im Nationalsozialismus stattfindet, erklärt sich Helmut erstmals bereit, vor Lehrerinnen und Lehrern zu sprechen. In Helmuts Erinnerung hört sich das so an: „Da hat mich der Matze wieder genervt und gesagt: ‚Ich hab hier 30 Junglehrer aus dem Kreis Offenbach. Die wollen was über Theresienstadt wissen.' Da hab ich gesagt, ‚Ach, ich mach das nicht gerne'. ‚Aber die haben das Buch deiner Schwester gelesen, die wollen mehr wissen.' Ok, ich bin dann da hingegangen, es waren so 20 junge Lehrerinnen und Lehrer, und ich habe ihnen aus meiner Kindheit erzählt. Das hat gut funktioniert."[221]

Im Vorfeld der Veranstaltung erinnert Helmut daran, dass er das Zeitzeugengespräch in der Schule seiner Tochter einst abbrechen musste. In diesen Tagen merkt man ihm an, dass er sehr nervös ist. Aber die Veranstaltung wird ein voller Erfolg. Moderator Axel „Beve" Hoffmann vom Museum befragt Helmut behutsam, und Helmut spricht, wie man es von seinen Geschichten über den Fußball kennt. Er berichtet über sein Leben als Kind, über die Ereignisse des 9. November 1938, über seine Zeit im Waisenhaus und über Theresienstadt. Zu keinem Zeitpunkt hat „Beve" Hoffmann den Eindruck, dass

Helmut den Schilderungen und darauffolgenden Fragen der Lehrerinnen und Lehrer emotional nicht gewachsen sein könnte. Die Zuhörer sitzen ergriffen im Museum und staunen über die genauen Erinnerungen von Helmut. Und Helmut freut sich über das große Interesse und berichtet in den nächsten Wochen immer wieder über seinen Auftritt im Museum.

Die Lehrerfortbildung vom Herbst 2018 war eigentlich als eine interne „Generalprobe" gedacht – davon weiß Helmut aber nichts. Wenn es ihm gelingt, vor einer kleinen Gruppe zu sprechen, wird er das auch vor größeren Gruppen können. Die gemeinsame Idee eines Spurensuche-Projekts wird nun intensiver verfolgt. Die Eintracht Frankfurt Fußball AG erklärt sich bereit, eine Veranstaltungsreihe finanziell zu unterstützen. Die Fanbetreuung der Eintracht hilft, Kontakte zu vermitteln, und wird die Veranstaltungen begleiten. Auch das Fritz Bauer Institut unterstützt die Spurensuche als Kooperationspartner und Ratgeber bei der Programmgestaltung. Makkabi Frankfurt und die Initiative „!Nie wieder" sind weitere Kooperationspartner. Das Programm der Spurensuche sieht sechs Veranstaltungen und eine abschließende fünftägige Bildungsreise nach Theresienstadt vor. Alle Veranstaltungen orientieren sich an der Biografie von Helmut, der sich bereit erklärt, zur Auftaktveranstaltung über seine Erlebnisse zu erzählen. Ob er an den weiteren Veranstaltungen teilnimmt, hält er sich zu diesem Zeitpunkt noch offen. Ebenso, ob er an der geplanten Abschlussreise nach Theresienstadt teilnehmen wird.

Die Premiere: Ein Auftritt vor 120 Leuten

Die Auftaktveranstaltung der Spurensuche am 29. Januar 2019 ist für Helmut eine große Herausforderung. „Der Matze hat zu mir gesagt, ‚Sonny, das mit den Lehrern ging doch prima. Jetzt machen wir noch mal was mit Eintracht-Leuten'. Und dann hat er ein paar Monate später wieder angerufen: ‚Hör mal Sonny, ich habe jetzt ein paar Eintrachtler zusammen, da kannst du doch noch mal ein bisschen erzählen.' Ich habe gesagt, ‚Nein, ich rede nicht mehr, das mit den Lehrern hat gelangt'. Da sagt er zu mir, ‚Das wären jetzt alles Eintrachtler, die kennen dich und du kennst die! Zum Teil haben

Am 29. Januar 2019 spricht Helmut im vollbesetzten Museum erstmals öffentlich über die Verfolgung, links Moderator Axel Hoffmann.

die sogar mit dir Fußball gespielt.' Da habe ich dann eingewilligt. Und als ich abends ins Museum kam, saßen da 120 Menschen. Da habe ich erst gesagt, das mache ich nicht. Aber der Matze hat mich überredet. Und der Beve hat mich dann interviewt, das hat dann doch gut geklappt."[222]

Im Museum ist es mucksmäuschenstill, als Helmut aus seiner Kindheit berichtet und über seine Ängste, die Einsamkeit, die Deportation nach Theresienstadt und den Hunger spricht. Mehr als 100 Gäste sind gekommen, darunter viele junge Fans aus der aktiven Fanszene. Aber auch Helmuts Tochter Suzanne sitzt mit ihrer Tochter Leonie im Publikum und hört an diesem Abend viele Schilderungen ihres Vaters zum ersten Mal. Auch einige von Helmuts ehemaligen Mitspielern bei der Eintracht sind da. Fast alle Besucher kennen Helmut, manche sind viele Jahre mit ihm befreundet. Aber alle kennen ihn als den lauten Spaßvogel, als den schimpfenden Riederwald-Rentner, das „Frankfurter Schlappmaul", als „Sonny", den Mann, der die Eintracht erklären kann. Und diesem Mann, von dem fast alle denken, dass ihn nichts aus seiner Ruhe bringen kann, stockt jetzt die Stimme. Als Helmut davon berichtet, wie er von Gleichaltrigen angespuckt wurde und sich nicht wehren durfte, kommen ihm die Tränen. Moderator Axel Hoffmann, der Helmut schon viele Jahre kennt, führt sensibel durch den Abend und ermuntert Helmut immer wieder, weiterzusprechen. Die Gäste sind tief beeindruckt, viele haben nach der Gesprächsrunde das Bedürfnis, noch einmal persönlich mit Helmut zu reden und sich bei ihm für seine authentischen Schilderungen zu bedanken. Doch der ist nach der Veranstaltung sehr aufgewühlt und verlässt ungewöhnlich schnell mit seiner Lebenspartnerin Emmi das Museum.

Einige Tage später berichtet er, dass er in der Nacht vor der Veranstaltung vor Aufregung kaum geschlafen habe und noch morgens überlegt hatte, das Ganze abzusagen. Die überwältigende Resonanz auf den Abend freut Helmut aber und so sagt er zu, auch bei der nächsten Veranstaltung wieder dabei zu sein. Im März 2019 findet ein Stadtrundgang auf den Spuren jüdischer Vereinsmitglieder statt. Wieder kommen mehr als 100 Gäste, die Gruppe, die durch Frankfurt läuft, ist eigentlich viel zu groß für eine

Führung und blockiert die Frankfurter Straßen manchmal minutenlang. Diesmal führt Martin Liepach vom Fritz Bauer Institut die Teilnehmerinnen und Teilnehmer durch Frankfurt. Vom Börneplatz geht es zu Stolpersteinen, die von der Eintracht verlegt wurden, danach zur Staufenmauer, dem Kaufhaus Wronker und zuletzt zum Römerberg, dem Ort der Bücherverbrennung. Helmut, mittlerweile fast 88 Jahre alt, geht die ausgedehnte Runde über mehr als zwei Stunden mit und meldet sich bei jeder Station zu Wort. Er berichtet über Orte seiner Kindheit, er zeigt, wo einst der Wollgraben war und das Rothschildhaus stand. Am Römer berichtet er über die Schriftsteller, deren Werke von den Nazis 1933 verbrannt wurden, und zeigt sich hier als fundierter Literaturkenner. Beim gemeinsamen Würstchenessen am Römer fühlt er sich sichtbar wohl und genießt die Anerkennung, die ihm die Teilnehmerinnen und Teilnehmer zuteilwerden lassen.

In den folgenden Wochen finden weitere Themenabende statt, bei denen die Bücher „Fußball unterm gelben Stern" und „Frankfurt Lindenstraße – der Fußballspieler mit dem gelben Stern" vorgestellt werden.[223] Der israelische Filmemacher Oded Breda stellt im Museum den Film „Liga Terezin" vor und im Juni 2019 findet in der Rhönstraße 2 eine Stolpersteinverlegung für den Eintrachtler Max Neumann statt. Helmut ist bei allen Veranstaltungen ganz selbstverständlich vor Ort, er spricht mit den Besucherinnen und Besuchern, beantwortet Fragen und erzählt Erlebnisse aus seiner Kindheit. Auch beim gemeinsamen Besuch der Erinnerungsstätte Großmarkthalle ist er dabei. Von hier aus fanden seit 1941 die Deportationen aus Frankfurt statt, auch Helmut wurde von hier aus verschleppt. Für die Führung gibt es so viele Anmeldungen, dass zwei Gruppen gebildet werden müssen. Helmut ist bei der ersten Tour dabei und schildert seine Erlebnisse. Die Erinnerung an den Ort der Deportation belastet ihn, außerdem dauert schon die erste Führung fast zwei Stunden. So verzichtet Helmut darauf, auch die zweite Gruppe Eintrachtler durch die Katakomben des Elsaesser-Baus zu führen. Viele der Geschichtsinteressierten wird er in knapp acht Wochen ohnehin wieder sehen. Denn mittlerweile hat Helmut beschlossen, mit der Gruppe nach Theresienstadt zu reisen.

Rückkehr nach Theresienstadt

Für die Abschlussreise des Spurensuche-Projekts nach Theresienstadt stehen knapp 40 Plätze zur Verfügung, die in Windeseile ausgebucht sind. In den vergangenen Monaten hat sich eine Gruppe zusammengefunden, von der viele schon beim ersten Abend im Museum waren, als Sonny erstmals über seine Kindheit sprach. Die Gruppe ist heterogen und stammt aus allen Teilen der Frankfurter Fanszene; der jüngste Mitreisende ist 21, der älteste mit 88 Jahren ist Helmut. Auch seine Lebensgefährtin Emmi will mit nach Theresienstadt kommen, ebenso Agnes Rummeleit, die mit Helmuts Schwester Lilo das Buch „Endlich reden" geschrieben hat. Helmut ist vor der Fahrt sehr aufgeregt, er erkundigt sich fast täglich über die Programmplanungen, die Fahrtroute und das Hotel. Neben Führungen, Museumsbesuchen und Gesprächsabenden ist auch geplant, am Kolumbarium[224] eine Gedenktafel der Eintracht anzubringen. Als die Tafel vom Steinmetz geliefert wird, kommt Helmut direkt ins Museum gefahren, um sie sich anzuschauen. Auf der mit dem Text „In Gedenken an die Opfer des Nationalsozialismus, Terezin, Oktober 2019" beschrifteten Tafel ist zentral ein großer Vereinsadler eingraviert. Helmut ist zufrieden. In der Woche vor der Reise erkundigen sich die Organisatoren zur Sicherheit noch mal nach Ärzten und Krankenhäusern in der Nähe von Theresienstadt. Die Befürchtungen sind zwar gering, aber die Frage, wie Helmut die Rückkehr an den Ort der Deportation verkraftet, beschäftigt das Organisationsteam.

Am 11. Oktober 2019 geht die Reise los. Treffpunkt ist direkt am Museum, wo die ganze Gruppe vor der Abfahrt noch ein Foto macht. Im Bus sitzt Helmut mit Emmi in der ersten Reihe, durch die Veranstaltungen der vergangenen Monate kennt er alle Mitreisenden mehr oder weniger gut, im Bus fühlt er sich sicher und genießt seine Prominenz. Die Teilnehmer freuen sich über den agilen Zeitzeugen, dem man keinerlei Nervosität anmerkt. Als der Bus abends in Terezin ankommt, ist es dunkel. Doch Helmut schaut links und rechts aus dem Fenster und kommentiert alle Gebäude. Im Rückblick hat Helmut das so beschrieben: „Na ja, das war nicht so einfach. Das war für mich schon ein bisschen beklemmend. Aber, wir sind um neun Uhr abends angekommen, da war es dunkel. Und als wir schon in die Nähe gekommen sind, habe ich gesagt, ich kenn das, ich kenn das. Weil, in Theresienstadt gibt es die sogenannten Kasematten, und in diesen Kasematten war der Glimmerabbau. Das sind Hügel, und da kann man so in den Hügel reingehen, da ist ein großes Tor, da kann man reinlaufen. Und das habe ich in der Dunkelheit gleich erkannt."[225]

Das Hotel in Terezin, das einstige SS-Kameradschaftsheim, liegt an einem kleinen Park. Auch den erkennt Helmut gleich, er berichtet, dass dies ein Park ist, in dem er als Kind manchmal mit Gleichaltrigen Nachlaufen spielen konnte. Nachdem die Teilnehmer ihre Zimmer bezogen haben, trifft sich die Gruppe in der kleinen Gaststätte im Erdgeschoss. Einige beschließen, noch einen Abendspaziergang zu machen. Helmut und Emmi möchten mitgehen. Und so läuft eine Handvoll Frankfurter durchs nächtliche Terezin und Helmut berichtet und berichtet. Er zeigt den Gästen das Gebäude der ehemaligen Kommandantur, er glaubt, das Haus zu erkennen, in dem er untergebracht war, er zeigt auf ein Haus, wo seine Mutter wohnte. Dann berichtigt er sich und zeigt auf andere Häuser. Helmut ist aufgeregt, er denkt nach, schaut links und rechts und versucht, seine Erinnerungen zu sortieren. Beim abschließenden Bier im Parkhotel ist Helmut richtig vergnügt. Er geht von Tisch zu Tisch, er plaudert mit den Mitreisenden und scheint hochzufrieden.

Die kleine Festung

Der folgende Tag startet im Tagungssaal des Hotels mit zwei Vorträgen zur Ausgrenzungspolitik der Nationalsozialisten und zur Geschichte des Ghettos. Helmut ist ungeduldig, auch während der anschließenden Diskussion. Er möchte raus, er will Theresienstadt sehen. Als die Teilnehmer sich in Kleingruppen auf den Weg machen, um die Dresdner Kaserne, das Knabenheim und die SS-Kommandantur zu erkunden, atmet Helmut auf. Auch als nachmittags der ortskundige Guide Pavel durch die große Festung führt, ist Helmut hochkonzentriert. Immer wieder ergänzt er die Aussagen des Fremdenführers und erinnert sich an Orte. Als in einem Haus ein typischer Schlafsaal aus der Zeit des Ghettos ausgestellt ist, berichtet Helmut über die Kälte in den Betten, in denen es kaum Decken gab. Selten stockt seine Stimme, etwa, als er

Helmut beim Stadtrundgang durch Terezin mit Agnes Rummeleit und Lebensgefährtin Emmi.

über die Ankunft im Ghetto berichtet. Beim Rundgang durch die Stadt kommt die Gruppe auch am ehemaligen Knabenheim vorbei, das heute ein Museum beherbergt. An der Schautafel vor dem Gebäude bestätigt sich Helmuts Erinnerung: Hier hat er 1945 in einem großen Schlafsaal gewohnt. Nach der Führung verstreut sich die Gruppe, Helmut geht nicht ins Hotel. Er hat ein kleines Café entdeckt, das ganz in der Nähe des Ortes ist, wo einst seine Mutter wohnen musste: Hier trinkt er gemeinsam mit Emmi Kaffee und isst Kuchen. Nach und nach kommen immer mehr Teilnehmer ins Café.

Abends berichtet Helmut vor der Gruppe noch einmal aus seiner Zeit im Ghetto und auch über die Verfolgung in Frankfurt. Als die Reisenden das Erlebte resümieren, merkt man Helmut an, dass ihm das nicht passt. Auch er soll seine Eindrücke schildern, doch er wird unruhig. Immer wieder macht er Scherze, man merkt, für ihn steht jetzt Freizeit an. Eine reflektierende Auseinandersetzung mit dem Thema, wie sie viele in der Gruppe für wichtig erachten, kommt für Helmut jetzt nicht mehr in Frage. Als endlich alle gemeinsam beim Bier im Restaurant sitzen, ist er zufrieden.

Am dritten Tag marschiert Helmut gemeinsam mit der Gruppe über zwei Kilometer zur kleinen Festung, in der er während seiner Gefangenschaft allerdings nie war. In der Festung wurde nach der Zerschlagung der Tschechoslowakei unter der Besatzung durch Hitler-Deutschland im Juni 1940 ein Gestapo-Gefängnis eingerichtet, das organisatorisch und räumlich vom Ghetto getrennt war. Der offizielle Name war „Geheime Staatspolizei, Staatspolizeileitstelle Prag, Polizeigefängnis Theresienstadt“. In diesem Gefängnis waren zunächst nur männliche Häftlinge untergebracht, erst nach dem Attentat auf Gestapo-Chef Reinhard Heydrich wurde im Juni 1942 auch eine Frauenabteilung eingerichtet. Zwischen 1940 und 1945 wurden von der Gestapo rund 27.000 Männer und 5.000 Frauen an das Gefängnis Theresienstadt überstellt. Wurden zunächst Inhaftierte aus Prag gebracht, kamen später Gefangene aus Böhmen, Mähren, der Sowjetunion, aus Polen, Jugoslawien und gegen Kriegsende auch Kriegsgefangene aus den Reihen der alliierten Armeen. 8.000 Insassen der kleinen

Festung kamen in anderen Lagern ums Leben, in die sie deportiert wurden. Durch Folter, Krankheiten und schwere Arbeits- und Lebensbedingungen starben etwa 2.500 Menschen. 250 Menschen wurden in der Festung selbst hingerichtet.[226]

Das Gedenkbuch als Beweis

Helmut folgt interessiert den Ausführungen von Pavel, vieles weiß er schon, denn Helmut hat sich mit Theresienstadt zeit seines Lebens beschäftigt. Die Erzählungen von den mehr als 30.000 Menschen, die zwischen 1940 und 1945 in der kleinen Festung gefangen gehalten wurden, kennt Helmut. Er weiß auch, dass das Leben hier noch grausamer war als im Ghetto, denn in der kleinen Festung gab es keine Selbstverwaltung. Als der Gruppe ein Raum gezeigt wird, der gerade mal 20 Quadratmeter groß ist und in dem 70 Menschen in Dunkelheit eingeschlossen wurden, verlässt Helmut sofort das Gebäude. Nachmittags werden die beiden Museen in der großen Festung besucht, eine Ausstellung in der Magdeburger Kaserne und das Ghettomuseum im Kinderheim. Im Museumsshop gibt es das fast 1.000 Seiten umfassende „Theresienstädter Gedenkbuch“, in dem die Namen aller hierher deportierten Menschen verzeichnet sind. Helmut blättert das schwere Buch hektisch durch und findet seinen Namen. Die Seite, auf der er erwähnt ist, zeigt er allen Teilnehmerinnen und Teilnehmern: „Guckt, hier steht es. Hier steht es, hier ist mein Name. Ich war hier. Und da ist der Name meiner Mutter.“ Viele haben den Eindruck, Helmut möchte das Buch als einen gedruckten Beweis vorzeigen, dass er wirklich hier war. Während einige Mitreisende mit einem Begleiter ausnahmsweise in den nicht öffentlich zugänglichen Kasernenhof gehen dürfen, in dem 1942 Fußballspiele der „Liga Terezin“ stattfanden, zieht es Helmut mit Emmi wieder ins Café.

Mittlerweile ist Tatjana angekommen, die für EintrachtTV eine kleine Dokumentation über die Reise nach Theresienstadt zusammenstellen will. Abends spricht sie mit Helmut, der am kommenden Morgen an verschiedenen Stellen im Ghetto gefilmt werden soll. Helmut hat klare Vorstellungen, an welchen Stellen die Aufnahmen stattfinden sollen. Und so startet für ihn der letzte Tag der Reise im Park, wo er Tatjana seine

Die Reisegruppe vor dem Kolumbarium in Terezin, rechts Jan Roubinek, Leiter der Gedenkstätte.

Lebensgeschichte erzählt. Beim Sprechen kommen ihm mehrfach die Tränen. Weitere Aufnahmen werden am Knabenheim und an den Bahngleisen gemacht. Nachmittags trifft sich die Gruppe wieder. Im Kolumbarium wird die Gedenktafel der Eintracht angebracht. Zur kleinen Zeremonie wird die Gruppe von Jan Roubinek, dem Leiter der Gedenkstätte, begrüßt.

Die Würde zurückgeben

Eintracht-Vizepräsident Stefan Minden hält eine bewegende Rede, in der er die Würde des Menschen thematisiert: „Das Leben, das genommen wurde, das kann man nie zurückgeben. Es gibt aber auch die Möglichkeit, Würde zurückzugeben. Den Individuen, denen man jede Würde abgesprochen hat, die man unwürdig behandelt hat, diese Würde zurückzugeben, ist eine ganz aktuelle Aufgabe. Weil wir feststellen müssen, durch die Jahrzehnte des Schweigens, des Verdrängens, des sich möglichst Nicht-Befassen-Wollens, das unsere Gesellschaft umgab, sind wir an der Aufgabe gescheitert, Würde zurückzugeben. Seit einigen Jahren versuchen wir das, und auch Eintracht Frankfurt versucht, für den Teil, den unsere eigene Geschichte betrifft, Würde zurückzugeben. Den Menschen, die ausgestoßen wurden und die auch von Eintracht Frankfurt verlassen wurden, Gesicht, Namen und letztlich ihre Stellung in unserer Mitte wiederzugeben."[227] Nach der Enthüllung der Gedenkplatte legen die Teilnehmer Blumen nieder, danach geht es gemeinsam an die Eger. An der Stelle, an der Häftlinge 1945 die Asche von tausenden Toten in den Fluss schütten mussten, steht ein Gedenkstein. Einige werfen Blumen in die Eger, andere legen sie am Gedenkstein nieder. Tatjana filmt die Szenen. Helmut kniet sich an den Gedenkstein und wird dabei gefilmt. Man hat den Eindruck, dass er dieses Bild dokumentiert haben möchte.
Am Abend überreicht die Gruppe Helmut das „Theresienstädter Gedenkbuch", in dem auch sein Name auftaucht. Alle Mitfahrenden haben in dem Buch unterschrieben. Helmut ist sehr gerührt. Die Stimmung im Restaurant ist nachdenklich, aber gelöst. Helmut bedankt sich bei Emmi und bei allen Mitreisenden, er umarmt alle Eintrachtler und hat Tränen in den Augen. Dann geht er zu Bett. Die Gruppe sitzt noch

lange zusammen, Erinnerungen werden ausgetauscht, Ideen werden geboren und verworfen, alle sind beeindruckt von den letzten vier Tagen. Als zum Abschluss des Abends die Vereinshymne „Im Herzen von Europa" angestimmt wird, dauert es nicht lange, bis Helmut aus seinem Zimmer zurückkommt. Im Schlafanzug steht er im Treppenhaus und singt mit.

Lebenslanges Mitglied

In den vergangenen Jahren hatte Helmut mehrfach davon berichtet, wieder Mitglied der Eintracht werden zu wollen. Er bat um einen Mitgliedsantrag, doch wen auch immer er von der Spurensuche-Gruppe ansprach, keiner half ihm. Seit der Reise nach Theresienstadt wissen alle (außer Helmut), dass die Eintracht Helmut Sonneberg nach der Rückkehr zum lebenslangen Mitglied machen wird. Und so trifft sich die Spurensuche-Truppe einige Wochen nach der gemeinsamen Reise in der Vereinsgaststätte am Riederwald zum Abschlusstreffen. Auch Helmut kommt mit Emmi.

Abends kommt Eintracht-Präsident Peter Fischer dann „überraschend" zur Gesellschaft. Helmut ist verdutzt, freut sich aber über den Besuch. Dass Fischer nur gekommen ist, um Helmut zu ehren, merkt er zunächst nicht. Peter Fischer begrüßt die Truppe, bedankt sich im Namen der Eintracht bei den Teilnehmern für die Reise und ihr Engagement und wendet sich dann an Helmut: „Du hast eben von Deiner Eintracht-Familie gesprochen. Du hast gesagt, dass nie jemand böse war und alle in Ordnung sind. Das bleibt auch hoffentlich so. Das, was wir Dir heute hier überreichen wollen, das ist sicher mehr ideell – Du warst immer Eintrachtler, aber jetzt kommst Du sowieso nicht mehr raus: Das ist die lebenslange Mitgliedschaft." Vor Rührung kommen Helmut wieder die Tränen. Er umarmt den Präsidenten innig und strahlt über das ganze Gesicht. Tatjana, die Helmut schon in Theresienstadt gefilmt hat, zeichnet auch die Überreichung der Urkunde auf. Gerührt sagt Helmut: „Endlich bin ich wieder drin! Denn das Kapitel Eintracht ist mein Herzblut. Dafür lebe ich und sterbe ich. Ich habe noch einen Wunsch: am Mittelkreis begraben werden, oder die Asche ausstreuen. Das wär's!"[228]

Nach der Reise nach Theresienstadt produziert die Eintracht zwei kleine Filme über die Spurensuche, die auf den Social-Media-Kanälen zu sehen sind. Fast 40.000 Menschen schauen sich die Filme online an, viele bedanken sich in den Kommentarspalten bei Helmut Sonneberg dafür, dass er seine Geschichte mit ihnen geteilt hat. Axel Hoffmann, der die Reise nach Theresienstadt für das Museum begleitet hat, schreibt einen ausführlichen Text über die Tage vor Ort, der in der Vereinszeitung und auf der Homepage der Eintracht veröffentlicht wird. Auch hier gibt es viele Reaktionen. Und viele der Mitreisenden suchen in den folgenden Wochen den persönlichen Kontakt zu Sonny. Sie sind dankbar, dass dieser ansonsten stets gut gelaunte Mensch, das „Frankfurter Schlappmaul", sein persönliches Trauma mit ihnen geteilt hat. Die gemeinsame Erfahrung verstärkt den Zusammenhalt innerhalb der Gruppe, es entstehen ganz neue Freundschaften. Und Helmut wird von den „jungen" Leuten ins digitale Zeitalter mitgenommen. Als er Probleme mit seinem Handy hat, wird das im Museum auf den neuesten Stand gebracht. Helmut bekommt eine Einweisung in die Funktionsweise von „WhatsApp", den Messaging-Dienst nutzt er fortan mit viel Begeisterung. Und wenn Helmut größere Einkäufe tätigen muss, erledigen das nun die Freunde der Eintracht.

Am 25. Januar 2020 spielt die Frankfurter Eintracht im Stadion gegen RasenBallsport Leipzig. Vor dem Spiel findet vor dem Museum wie immer die „Waldtribüne" statt, ein Informations- und Unterhaltungsformat mit verschiedenen Gästen. Aus Anlass des Erinnerungstags im Deutschen Fußball, der seit vielen Jahren zu Spielen rund um den Auschwitz-Befreiungstag 27. Januar stattfindet, steht die Waldtribüne unter dem Motto „Erinnerungstag". Neben Ariel Leibovici vom TuS Makkabi Frankfurt und vom Fanclub Siegeradler, einem jüdischen Eintracht-Fanclub, ist auch Helmut Sonneberg zu Gast. Hunderte Fans lauschen dem Gespräch mit den Moderatoren Pia und Beve. Später wird der Journalist Thomas Stillbauer den Auftritt in seinem Liveticker „Ballhorn", der in der „Frankfurter Rundschau" immer erst nach dem Spiel erscheint, wie folgt beschreiben:

„Grandios. Ariel Leibovici vom TuS Makkabi und vom Fanclub Siegeradler auf der Waldtribüne. Und anschließend Helmut Sonneberg, bald 89 Jahre, der als Kind nicht lesen und schreiben lernen durfte, weil die Nazis fanden, er sei anders als die anderen

Kinder. Umbringen wollten sie ihn. Aber kleingekriegt haben sie ihn nicht. Was die beiden Männer auf der Bühne in wenigen Sätzen herüberbringen und wie das Moderationsteam Beve und Pia das Ganze präsentieren, Leute, das ist so unglaublich gut. Das tut so viel für den Fußball, für die Gemeinschaft. Und für das Gefühl, von Herzen gerne Teil dieses Vereins zu sein. Sonny freut sich, dass die Eintracht einem Mann die Ehrenpräsidentschaft aberkannt hat, der bei der SS war. Riesenapplaus vor der Waldtribüne. Das reicht eigentlich schon, dafür hat sich der Besuch im Waldstadion schon wieder gelohnt."[229] Als Helmut von der Bühne geht, wird er von unzähligen Fans umlagert und muss fast eine halbe Stunde lang Autogramme schreiben. Die Autogrammkarte, die ihm bei seinem ersten Besuch im Museum übergeben wurde, musste mittlerweile schon zweimal nachgedruckt werden. Das Spiel gegen Leipzig verfolgt Helmut mit Emmi in der Loge der Eintracht, der Vorstand hat ihn dazu eingeladen. Helmut macht Fotos mit Peter Fischer, Fredi Bobic und Oberbürgermeister Peter Feldmann, der an dem Tag ebenfalls Gast in der Loge ist. Und er freut sich über ein tolles Spiel der Eintracht, die Leipzig durch Tore von Almamy Toure und Filip Kostic mit 2:0 schlägt.

Helmut geht in die Offensive

Einen Tag später findet in der Wolfgang-Steubing-Halle am Riederwald die ordentliche Mitgliederversammlung des Vereins Eintracht Frankfurt statt. Präsident Peter Fischer verkündet, dass der Verein mittlerweile über 88.000 Mitglieder hat. Am Ende seines Berichts informiert er die mehr als 800 Anwesenden über die Gründe, Rudolf Gramlich die Ehrenpräsidentschaft posthum abzuerkennen. Das Fritz Bauer Institut hatte den Vereinsverantwortlichen in den Wochen vor der Versammlung die wissenschaftliche Studie zu den Vereinsführern zwischen 1933 und 1945 vorgelegt: „Rudolf Gramlich nahm die Gewaltherrschaft des Nationalsozialismus billigend in Kauf. Dies ist dokumentiert durch die regimekonforme Führung des Vereins, seinen Beitritt zur SS und zur NSDAP, zwei verbrecherischen Organisationen, und insbesondere durch die Partizipation an dem deutschen Terrorregime in den besetzten Gebieten. Wir sind der Überzeugung, dass die Fakten, die bei der Ernennung zum Ehrenpräsidenten, dem damaligen Zeitgeist folgend, keine Rolle gespielt haben, heute anders bewertet werden müssen. Ein Ehrenpräsident muss, egal was er sportlich Positives für den Verein erreicht hat, auch moralisch und ethisch ein Vorbild sein für die Jugend, die Mitgliedschaft und die Gesellschaft. Präsidium und Ehrenrat von Eintracht Frankfurt sind demnach zu dem Ergebnis gekommen, die Ehrenpräsidentschaft von Rudolf Gramlich posthum abzuerkennen."[230]

Helmut hat das nie so gesagt, aber vermutlich reift in diesen Wochen der Entschluss, seine Geschichte fortan offensiv zu erzählen. Sein Verein hat ihn zum lebenslangen Mitglied gemacht und sein Verein hat sich dazu entschlossen, die Ehrenpräsidentschaft des viele Jahre übermächtigen Rudolf Gramlich posthum abzuerkennen. Seine Schwester Lilo Günzler, die bis kurz zuvor die Geschichte der Wessingers als Zeitzeugin erzählt hat, ist schwer erkrankt und stirbt im Februar 2020. Helmut erfasst vielleicht erstmals in Gänze, wie sehr seine Erzählungen die Menschen berühren und was er bei seinen Zuhörern alles bewirken kann. Und Helmut hat inzwischen die Angst, als „Jude" erkannt zu werden, hinter sich gelassen. Mittlerweile kennen in „seiner" Eintracht-Familie alle seine Lebensgeschichte, und in vielen Gesprächen wird er ermuntert, seine traumatischen Erfahrungen an die nächste Generation weiterzugeben, die die Shoah nur aus dem Geschichtsunterricht kennt. Positives Feedback erhält Helmut überall. Die Mitreisenden bedanken sich bei ihm, auf der Straße sprechen ihn Fans an, die die Filme im Internet gesehen haben. In den Kommentarspalten der Onlineforen kann er viele Worte des Dankes und der Betroffenheit nachlesen. Besonders viele positive Reaktionen kommen von jungen Leuten. Erst jetzt wird Helmut bewusst, dass seine eigene Geschichte den Menschen helfen kann, dass er mit seinen Erzählungen aufrütteln kann – und dass er mit seinen Erlebnissen auch gerade junge Leute erreichen und zum Nachdenken anregen kann.

Seit vielen Jahren wird im Museum für Schulklassen ein Workshop „Der kommt nicht mehr – Juden bei Eintracht Frankfurt" angeboten. Wenn Schulen diesen Workshop fortan buchen, kommt Helmut immer wieder als Zeitzeuge dazu. Für ihn ist das jetzt keine Frage mehr: Er macht mit. Fortan erhalten die Schülerinnen und Schüler einen

Sonny im Gespräch mit einer Schülergruppe.

Einblick in das Vereinsleben während des Nationalsozialismus, im Anschluss daran findet ein Gespräch mit Helmut statt, der den Schülern über seine Kindheit berichtet. Der Ort für das Gespräch ist meist eine Loge. Und immer ist es totenstill, wenn Helmut darüber berichtet, wie er sich verstecken musste, wie er im Waisenhaus lebte und wie es war, als er deportiert wurde. Nach dem halbstündigen Gespräch bleibt noch Zeit für Fragen. Meist wird die vorgegebene Zeit von 90 Minuten für den Workshop überzogen, weil die jungen Leute so viele Fragen haben. Helmut versteht es, dem Nachwuchs mitzugeben, was er für wichtig hält. Seine Botschaft ist klar: Alle Menschen sind gleich, die Würde des Menschen ist unantastbar, äußere Unterschiede sollten keine Bedeutung haben. Und wenn das Thema die Zuhörer zu sehr belastet, merkt Helmut das. Dann schaltet er wieder um aufs „Frankfurter Schlappmaul", er macht Scherze, schimpft über die Eintracht und die Politik und das Wetter. Das macht er übrigens auch, wenn ihn ein Gespräch zu sehr belastet.

Die Lehrkräfte sind begeistert vom Zeitzeugen Helmut Sonneberg. Immer mehr Anfragen an das Museum werden um die Frage ergänzt, ob Helmut beim Workshop auch zu Gast sein kann. Helmut nimmt sich die Zeit und kommt gerne. Auch immer mehr Journalisten berichten über den Eintracht-Fan, der als Kind deportiert wurde. Viele von ihnen haben fünf Jahre vorher noch über Helmut als „Alterspräsident" der Riederwald-Rentner geschrieben. Vor einer Schulklasse begründet Helmut sein Engagement wie folgt: „Ich sehe auch eine gewisse Verpflichtung darin, davon zu erzählen: Es gibt ja nicht mehr so viele Leute in meinem Alter, die eingesperrt wurden und das alles so erlebt haben."[231]

Lockdown

Im Frühjahr 2020 ist Helmut voller Tatendrang. Er berichtet häufig voller Stolz von Anfragen von Journalisten, er kommt regelmäßig ins Museum, wo er vor Schulklassen als Zeitzeuge spricht. Und er erhält aus dem gesamten Rhein-Main-Gebiet Anfragen von Geschichtsinitiativen. Doch im März 2020 breitet sich in Deutschland das Corona-Virus aus, am 16. März beschließt die Bundesregierung einen Lockdown, der zum 22. März in Kraft tritt. Der Lockdown ist mit zahlreichen Einschränkungen im öffentlichen Leben verbunden. Geschäfte und Restaurants müssen schließen, es gibt Ausgangsbeschränkungen, die Arbeit in Büros wird, soweit möglich, ins Homeoffice verlegt. Kindertageseinrichtungen und Schulen werden vorübergehend geschlossen. Der Schulunterricht soll fortan online stattfinden. Auch der Fußball muss pausieren. Bereits am 12. März 2020 absolviert die Eintracht ein erstes Spiel ohne Zuschauer, in der UEFA Europa League unterliegt die Mannschaft dem FC Basel mit 0:3. Am 13. März beschließt die DFL, den 26. Spieltag zu verlegen und den Spielbetrieb zunächst bis zum 2. April auszusetzen. Die Pause wird länger dauern als gedacht, der 26. Spieltag wird erst am 15. Mai 2020 gestartet. Die DFL hat ein strenges Hygienekonzept entwickelt, die letzten neun Spiele der Saison 2019/20 finden in den Stadien ohne Zuschauer statt.

Mit dem Lockdown beginnen in ganz Deutschland sogenannte „Hygiene-Demonstrationen“, in Stuttgart gründet Michael Ballweg die Initiative Querdenken711. Die Querdenkerbewegung erfährt in den folgenden Monaten enormen Zulauf, auch Reichsbürger und weitere rechte Gruppierungen schließen sich an. Immer wieder solidarisiert sich auch die AfD mit den Querdenkern, es kommt zu massiven Protesten gegen die Einschränkungen.

Für Helmut ist der Ausbruch der Corona-Pandemie ein schwerer Schlag. Gerade in der Zeit, in der er den Mut gefunden hat, seine Geschichte zu erzählen, wird das öffentliche Leben heruntergefahren. Helmut bleibt mit Emmi möglichst viel zu Hause. In den ersten Wochen, als medizinische Masken noch Mangelware sind, organisiert er sich Stoffmasken mit Vereinswappen. Die Eintracht fordert er auf, selbst Masken zu produzieren, was der Verein bereits veranlasst hat. Als Helmut im Mai 2020 die erste offizielle Eintracht-Maske in den Händen hält, freut er sich. Seine sozialen Kontakte hält er über Telefon und WhatsApp-Mitteilungen, an Freunde schreibt er aufmunternde Nachrichten. An der öffentlichen Diskussion über die Vorsichtsmaßnahmen nimmt er lebhaft teil, er verteidigt die Maßnahmen der Bundesregierung, wo er nur kann.

Das Aufkommen der Querdenkerbewegung beobachtet er mit Wut. Immer wieder schimpft Helmut auf die Querdenker und Corona-Leugner, die bei ihren Demonstrationen gegen die Hygienemaßnahmen Vergleiche mit dem Nationalsozialismus nicht scheuen. Das Tragen von medizinischen Masken wird von einigen Querdenkern mit dem Tragen des Judensterns verglichen. Und Jana aus Kassel, die sich auf einer Demonstration gegen die Corona-Maßnahmen mit Anne Frank vergleicht, bringt Helmut auf die Palme. Dem Vorwurf, dass die Demokratie in Deutschland eingeschränkt oder die Rechte des Grundgesetzes beschnitten werden, tritt Helmut entschieden entgegen. Als der ehemalige Eintracht-Star und Fußballweltmeister Thomas Berthold als Redner bei einer Corona-Demonstration in Stuttgart zu sehen ist, fordert Helmut den Ausschluss aus dem Verein. Bertholds wirre Aussagen richten sich gegen die Regierung, gegen Hygieneregeln, gegen Schutzmaßnahmen und gegen die Wissenschaft. Helmut ärgert sich, dass „seine“ Eintracht durch Thomas Berthold mit Querdenkern in Berührung kommt.

Helmut geht online

Als absehbar ist, dass Helmut in naher Zukunft im Museum keine Zeitzeugengespräche führen kann, da Ausflüge für Schulklassen nicht möglich sind, werden die Termine fortan online angeboten. Und so kommt Helmut ins Museum, wo er an einem Computer an Onlineformaten mit Schülerinnen und Schülern teilnimmt. Deren Sorgen und Nöte nimmt er sehr wohl wahr, er versucht aber auch immer, die Einschränkungen einzuordnen und nutzt dazu auch seine eigene Biografie. Als sich das gesellschaftliche Leben wieder normalisiert, erinnert er sich bei einer Gesprächsrunde: „Jetzt kommen immer wieder junge Leute, die sagen, was sie alles verpassen. Oder dass Kinder gar keine richtige Kindheit hätten. Wenn man heute davon spricht, dass im letzten Jahr die Schüler ein, zwei Monate nicht in die Schule konnten wegen Corona. Da hat gestern Abend im Fernsehen ein Mädel gesagt, ‚Uns haben die sozialen Kontakte gefehlt'. Aber die haben mir sieben Jahre gefehlt, von meinem siebten bis 14. Lebensjahr hatte ich weder einen Freund, ich durfte ja nicht auf die Gass, noch einen Schulfreund, ich durfte ja nicht in die Schule. Ihr habt Freunde, ihr könnt raus auf die Straße, ihr habt ein freies Leben. Deshalb dankbar sein für die Demokratie! Diktatur kann man sich gar nicht vorstellen, das muss man erleben. Ich habe eine Episode im Kopf, als wir noch im Kleinen Wollgraben gelebt haben und der Krieg hatte angefangen, er war schon ein Jahr alt. Da wohnte im Nebenhaus ein glühender Kommunist, der hat nachts um zwölf Uhr BBC London gehört. Da gab es das ‚Ding-Ding-Ding-Dong, hier ist BBC London in deutscher Sprache'. Da hat er abgehört, was die Engländer zum Krieg zu sagen hatten, denn beim Hitler in den deutschen Medien ging es ja nur vorwärts. Und wir wussten ja in der Familie, wenn das so weitergeht, ist das unser Lebensende, also von meiner Mutter und mir. Der Mann hat das nachts abgehört und seine Frau hat in einem Gespräch erwähnt, dass der Mann nachts BBC London hört. Daraufhin wurde er von einer Gesprächspartnerin denunziert, den haben sie abgeholt und den hast du nie mehr wiedergesehen. Du konntest in einer Diktatur nicht mehr laut denken. Du wurdest sofort verhaftet."[232]

Trotz des Verständnisses für die Einschränkungen des Alltags wartet Helmut sehnlichst auf die Normalisierung des Alltags. Viele Anfragen von Institutionen und Schulen liegen auf Wiedervorlage und Helmut brennt darauf, wieder in direkten Kontakt zu Menschen zu kommen. Erst im Herbst 2020 starten Zeitzeugengespräche. Kleinere Gruppen kommen wieder ins Museum und treffen sich mit Helmut, der mit Abstand und mit Maske berichtet. Julian Feider, der im Museum als Werkstudent arbeitet, trifft sich mit Mitstudierenden und Helmut, um ein Projekt zu besprechen. Studentinnen und Studenten der Universität Gießen wollen als Abschlussarbeit einen Film über das Leben von Helmut produzieren. Helmut ist begeistert und sagt seine Mitarbeit zu.

Helmut in der „Hessenschau"

Doch als die Infektionszahlen wieder rasant nach oben schießen, wird im November 2020 ein weiterer Lockdown ausgerufen. Zunächst ist geplant, die Einschränkungen bis zum 10. Januar 2021 bestehen zu lassen. Doch die Infektionszahlen bleiben beängstigend hoch, der Lockdown wird mehrfach verlängert und endet erst im Mai 2021. Im Januar 2021 trifft sich eine Journalistin des Hessischen Rundfunks unter strengen Sicherheitsvorkehrungen mit Helmut, um einen Bericht für die „Hessenschau" zu drehen. Auch hier macht Helmut gerne mit, er ist ganz angetan von der Journalistin und schwärmt in den höchsten Tönen von ihr. Später wird er im Spaß darüber berichten, dass seine Emmi eifersüchtig wurde, weil er sich so oft mit der Journalistin getroffen habe. Letztlich ist er aber einfach glücklich, dass „sein" Projekt endlich weitergeht. Der Bericht „Holocaust-Überlebender mit der Eintracht im Herzen" wird am 29. Januar 2021 in der „Hessenschau" ausgestrahlt.

Auch die Entwicklung des lang ersehnten Impfstoffs gegen Covid-19 macht Fortschritte. Als die ersten Impfstoffe zugelassen werden, bemüht sich Helmut darum, mit Emmi so schnell wie möglich eine Impfung zu bekommen. Die beiden gehören zur Risikogruppe und sollen bevorzugt geimpft werden. Helmut meldet sich und Emmi per E-Mail an, doch es gibt Probleme. Er telefoniert mit dem Gesundheitsamt, recherchiert nach Ansprechpartnern und schimpft, dass die geplanten Termine schon vergeben sind. Nach mehr als 60 Telefonaten erhält er im Februar 2021 endlich eine Zusage. An Freunde schickt Helmut zufrieden eine Kurznachricht: „Juhu. Soeben einen Termin bekommen. Der erste ist am 2. März, der zweite dann am 23. März. Es geht voran!" Immer wieder appelliert er an die Menschen in seinem Umfeld, sich impfen zu lassen. Wenn Menschen Bedenken äußern, fordert er zur Solidarität auf. Ein normales Leben wird erst wieder möglich sein, wenn ein großer Anteil der Bevölkerung geimpft ist. Helmut kümmert sich penibel darum, dass er alle Termine zur Auffrischungsimpfung einhält.

Bewegte Bilder

Im Juni 2021 feiert Helmut Sonneberg seinen 90. Geburtstag. Am liebsten möchte er diesen im Eintracht-Museum feiern, doch auch wenn der Lockdown seit Mai beendet ist, gibt es Sorgen, viele ältere Menschen im geschlossenen Raum zusammen feiern zu lassen. So findet die Familienfeier im Zehnthof in Schwanheim statt, wo die Gäste im Biergarten unter freiem Himmel sitzen können. Der Zehnthof ist Helmuts Stammlokal, er schwärmt immer vom guten Essen und von Wirt Peter, der selbst ein großer Eintracht-Fan ist.

Ohne Helmuts Wissen sprechen sich die Mitarbeiter des Museums mit seiner Tochter ab. Nach der Familienfeier will Suzanne Helmut mit Emmi ins Eintracht-Museum bringen, wo eine Überraschung auf ihn wartet. Helmut denkt, dass im Museum im kleinen Kreis ein Kreppelkaffee ansteht. Er weiß nicht, dass alle Mitreisenden der Fahrt nach Theresienstadt über die Feier informiert wurden, viele haben sich den Nachmittag freigenommen. Als Helmut mit seiner Familie am Museum ankommt, ist die Freude groß. Fast die ganze Reisegruppe hat sich vor dem Museum versammelt und gratuliert Sonny zum 90. Geburtstag. Unter freiem Himmel wird Helmut ein Ständchen gesungen, er freut sich über ein Eintracht-Trikot mit der Rückennummer 90 und sitzt noch lange mit seinen Freundinnen und Freunden zusammen.

Von seiner Tochter Suzanne bekommt Helmut zum Geburtstag ein Fotoshooting im Stadion geschenkt, das einige Tage später stattfindet. Vor dem Fotografen posiert Helmut auf der Haupttribüne, im Business-Bereich und in der Kurve. Auch im Museum werden Bilder gemacht, der Zylinder von 1959 und der DFB-Pokal von 2018 werden aus den Vitrinen geholt. Helmut protestiert und fordert die Meisterschale. „Ich bin Meister, die Fotos müssen mit der Meisterschale gemacht werden." Auch dieser Wunsch wird ihm erfüllt.

Durch Heiterkeit den Schrecken entwaffnen

Im Juli 2021 findet in der Johanniskirche in Frankfurt-Bornheim ein Zeitzeugengespräch statt, zu dem der Personalrat des Bürgerhospitals eingeladen hat. Wolfgang Hennings, der im Bürgerhospital arbeitet, gehört auch zur Spurensuche-Truppe, die

Familenfoto vor dem Stadion, aufgenommen zum 90. Geburtstag: Leonie, Matilda, Helmut und Suzanne.

gemeinsam mit Helmut in Theresienstadt war. Helmut freut sich auf den Termin, es ist die erste größere Präsenzveranstaltung nach dem Lockdown. Gäste mussten sich anmelden, in der Kirche wird penibel auf die Einhaltung der Hygiene-Regeln geachtet. Engagierte Gemeindemitglieder haben vor der Kirche unter einem kleinen Pavillon Informationsmaterial ausgelegt und bieten Kaffee und Gebäck an. Helmut ist überpünktlich vor Ort. Die Helferinnen und Helfer sind aufgeregt und voller Ehrfurcht, Helmut wird freundlich begrüßt. Und was macht Helmut? Direkt am Informationszelt erzählt er ihnen seinen neuesten, durch und durch anzüglichen Witz und lacht am lautesten, die Zuhörer lächeln verlegen. Die Situation ist ganz typisch für eine Veranstaltung mit Helmut Sonneberg. Die Menschen erwarten einen reflektierten Zeitzeugen, der aus erster Hand über die Schreckensherrschaft der Nationalsozialisten berichtet. Aber der Zeitzeuge, der ja von sich selbst behauptet, er sei ein „Frankfurter Schlappmaul", konfrontiert die Menschen zunächst nicht mit seinem schweren Schicksal, nein, er erzählt schlüpfrige Witze.

Auch das Zeitzeugengespräch, das von der Journalistin Heike Borufka moderiert wird, verläuft, wie Gespräche mit Helmut meist verlaufen. Helmut berichtet in beeindruckender Weise über seine Kindheit und seine Ängste. Er appelliert an die meist jungen Gäste, sich für Demokratie und eine offene Gesellschaft einzusetzen. Und nach rund 45 Minuten ist Schluss. Wenn Helmut das Gefühl hat, den Menschen genug schwere Kost erzählt zu haben, wechselt er wieder in den Modus des Spaßvogels – seit Kindesbeinen seine Methode, den traurigen und schrecklichen Momenten etwas entgegenzusetzen und sie dadurch abzumildern, ein inneres Überlebenstraining. Er macht Scherze, verlässt seinen Talkplatz und spaziert durch die Kirche, spricht vor allem über die Eintracht, fragt junge Leute nach ihrem Leben und bringt die Zuhörer wieder zurück in die Gegenwart. Diesen Wechsel der Themen beschreibt Helmut einmal in einem Nebensatz eines Interviews: „Mir blutet das Herz nur, wenn ich über manche Dinge reden soll, die mir heute noch weh tun. Über die Eintracht rede ich gern, auch ohne Tränen. Auch wenn mich die Eintracht auch viele Tränen gekostet hat."[233]

„Aber die Narben, die bleiben"

Helmut selbst hat über seine Herangehensweise an die Veranstaltungen nie gesprochen, aber im Laufe der Zeit hat er viel gelernt. Die Zuhörerinnen und Zuhörer erleben einen Menschen wie du und ich, mit all seinen Schwächen, Emotionen und Vorlieben. Sie erleben einen mittlerweile 90-Jährigen, der es liebt, Stammtischparolen zu schmettern, der gerne ein „Blödschwätzer" ist und gerne auch Alte-Männer-Witze macht. Einen Menschen, der es aber versteht, in dieses authentische Auftreten seine Botschaften einzubauen und ganz empathisch über das Schreckliche zu berichten, das ihm widerfahren ist. Einige Botschaften teilt er in allen Gesprächen, und diese fast wortgleich. Die Ankunft in Theresienstadt schildert er immer mit gleißendem Licht, Hundegebell, Trillerpfeifen und Geschrei. Dass er als Pazifist einem Holocaustleugner „in die Fresse" schlagen würde, berichtet er auch in jedem Gespräch. In der Dokumentation zur Theresienstadt-Reise 2019 hört sich das wie folgt an: „Ich habe in Theresienstadt ankommende Transporte aus den Vernichtungslagern mit eigenen Augen gesehen. Das waren lebende Leichen, große Augen, abgemagert bis zum Skelett. So haben die aus den Waggons geschaut. Und wenn heute einer von den Querdenkern oder Rechten sagt, das wäre gestellt ... – ich bin ein glühender Pazifist, aber dem haue ich in die Fresse."[234]

Doch immer gibt Helmut seinen Zuhörerinnen und Zuhörern auch Aufgaben mit auf den Weg. Oft ist das der Hinweis: „Passt auf. Seid hellhörig, lasst euch nicht beeinflussen. Aber setzt euch damit auseinander, damit so was nicht mehr passiert." Manchmal sagt er auch einfach nur: „Bleibt wachsam!" Ein versöhnliches Ende findet jedes Gespräch mit der Erkenntnis, die Helmut immer wieder ausspricht: „Ich kann vergessen, ich kann auch verzeihen. Aber die Narben, die bleiben."[235]

Einige Wochen nach dem Auftritt in der Johanniskirche ist Helmut zu Gast im Fanhaus Louisa. Am Bahnhof Louisa gibt es seit 2005 einen Treffpunkt für die Fans der Eintracht. Das Fanprojekt ist eine sozialpädagogische Einrichtung, die an die Frankfurter Sportjugend angegliedert ist. Ziel der Institution ist es, Toleranz, Gewaltfreiheit und Kreativität in der Fanszene zu fördern. Mit verschiedenen Angeboten soll zur

Festigung von positiven Verhaltens- und Kommunikationsstrukturen in der Fanszene beigetragen werden, Faninitiativen werden vom Fanprojekt gefördert. Seit 2007 organisiert die Frankfurter Ultras-Gruppierung „Droogs" eine Veranstaltungsreihe „Cine Rebelde", die sozialkritische oder subkulturelle Themen im Programm hat.

„Schlägereien schaden dem Fußball"

Am 28. Juli 2021 ist Helmut Sonneberg im „Cine Rebelde" zu Gast und berichtet vor mehr als 50 Personen aus der Frankfurter Ultras-Szene über sein Leben. Auch die Ultras sind sehr beeindruckt von Helmuts Ausführungen. Der berichtet nicht nur über seine Kindheit, sondern auch darüber, wie er zur Eintracht kam und wie er in den 1950er Jahren mit seinen Kumpels zu Auswärtsspielen gefahren ist, Fahnen genäht hat und mit Glocken über die Mörfelder Landstraße zum Stadion gelaufen ist. Und er spricht darüber, was sich aus seiner Sicht bei einem Fußballspiel nicht gehört: Schlägereien, Pyrotechnik und Randale schaden dem Image seiner Eintracht, daher appelliert er an die Gruppe, auf übermütige Fans einzuwirken. Der Moderator konfrontiert ihn daraufhin mit Presseartikeln vom Europapokalhalbfinale 1960, laut denen Eintracht-Fans damals im ganzen Stadion Leuchtraketen abgeschossen haben – und nach Spielende das Spielfeld gestürmt hätten. Helmut sagt, dass er sich daran nicht erinnert. Mit einem Lächeln berichtet er aber, dass er als junger Mann auch Sachen gemacht hätte, die vielleicht nicht erlaubt waren. Bei Platzstürmen, so Helmut, war er jedenfalls immer ganz vorne dabei.

Über die Kontakte der Ultras gibt es auch eine Anfrage einer Gruppe von Chemie-Leipzig-Fans, die gerne ein Gespräch mit Helmut führen möchten. Das Gespräch findet im Oktober 2021 in einer Loge im Stadion statt. Die Chemiker interessieren sich besonders für Sascha Hammerstein aus Leipzig, der sich 1945 mit Helmut und seiner Mutter von Theresienstadt aus auf den Weg gemacht hat in die Heimat. In den folgenden Wochen recherchieren die Chemiker in Leipzig den weiteren Weg von Sascha Hammerstein, der zuletzt in der Leipziger Ringstraße 109 lebte. Die Idee eines Wiedersehens der beiden muss verworfen werden, weil die Gruppe aus Leipzig herausfindet, dass Sascha Hammerstein einige Jahre zuvor verstorben ist. Helmut bedankt sich per

E-Mail bei der Gruppe für ihre Recherchen und schreibt: „Somit bleibt mir nur, meinen allergrößten Dank auszusprechen, dass du und die gesamte Mannschaft euch so eine große Mühe gemacht habt. Mit lieben Grüßen nach Leipzig, und bleibt alle gesund, Sonny".

Helmut ins Fernsehen

Mittlerweile ist Helmut wieder im Zwei-Wochen-Rhythmus als Zeitzeuge unterwegs. Er geht zu Schulen, empfängt Gruppen im Eintracht-Museum – und muss immer wieder auch vor Kameras sprechen. Studenten der Universität Gießen führen Interviews mit ihm und auch der Hessische Rundfunk plant eine Dokumentation. Ron Ulrich, der Helmut im Rahmen einer Geschichte im Fußballmagazin „11Freunde" schon interviewt hat, produziert eine Dokumentation unter dem Titel „Sonny – Eine Geschichte über den Holocaust, Eintracht und Frankfurt". Der Film, der im Januar 2022 im Hessischen Rundfunk ausgestrahlt wird, wird ein großer Erfolg und 2023 vom Verband Deutscher Sportjournalisten e. V. mit dem VDS-Fernsehpreis ausgezeichnet. Helmut wird als Opfer der Shoah vorgestellt, aber auch als Fahrer des Bücherbusses, er trifft auf Jan-Aage Fjörtoft und plaudert mit ihm im Museum, und er spielt Schlagzeug. Auch Vereinspräsident Peter Fischer kommt in der Dokumentation zu Wort.[236]

Nach Ausstrahlung des Films reißen die Anfragen nicht mehr ab. Im April 2022 ist Helmut zu Gast beim Fernsehsender Sky. Im Halbzeitprogramm der Partie Eintracht Frankfurt gegen die Spielvereinigung Greuther Fürth wird er auf der Pressetribüne interviewt. Einige Tage später kommt eine Anfrage aus der Redaktion von Markus Lanz. Helmut wird eingeladen, bei Markus Lanz zu sprechen. Das Ganze soll ein Talk sein, zu dem auch Vereinspräsident Peter Fischer eingeladen werden soll. Geplant ist die Sendung für den 5. Mai. Helmut ist glücklich über die Einladung: Bislang hat er seine Geschichte vor allem in der Region und in Hessen erzählt, bei Markus Lanz hat er die Möglichkeit, seine Botschaft in ganz Deutschland zu verkünden. Aber zuallererst ist Helmut weiterhin Eintracht-Fan, und seine Eintracht hat in der UEFA Europa League das Viertelfinale erreicht, hier wartet der große FC Barcelona. Das Hinspiel am 7. April endet 1:1, das Rückspiel findet am 14. April statt. Der Sendetermin bei Markus Lanz ist am 5. Mai. An diesem Tag findet das zweite Halbfinale statt. Für Helmut steht fest: Sollte die Eintracht das Halbfinale erreichen, muss der Auftritt bei Lanz verschoben werden. Und so kommt es dann auch: Die Eintracht gewinnt vor 30.000 mitgereisten Fans mit 3:2 beim FC Barcelona und zieht ins Halbfinale ein. Direkt nach dem Sieg wird die Redaktion von Markus Lanz darüber informiert, dass Helmut am 5. Mai nicht kann. Die Kollegen sind irritiert, dass ein fest eingeplanter Gast wegen eines anstehenden Fußballspiels absagt.

„Freuen kann man sich später immer noch"

Auch ohne einen Auftritt bei Markus Lanz ist der Mai 2022 ein aufregender Monat für Helmut. Am 5. Mai macht die Eintracht mit einem 1:0-Sieg gegen West Ham United den Finaleinzug perfekt. Am 18. Mai trifft die Mannschaft in Sevilla auf die Glasgow Rangers. Sonny ist sich der Geschichtsträchtigkeit des Duells bewusst, schließlich hat er 1960 beide Halbfinals gegen die Rangers live im Stadion gesehen. Das letzte Ligaspiel verfolgt er gemeinsam mit der 1959er Meistermannschaft in der Loge im Stadion, er versteht sich prächtig mit seinen einstigen Idolen Egon Loy, Erwin Stein, Dieter Stinka und Istvan Sztani. Die Reise nach Sevilla ist ihm zu aufwendig, er will das Finale gemeinsam mit Emmi zu Hause schauen. Vor dem Finale führt Thomas Stillbauer von der „Frankfurter Rundschau" ein großes Interview mit Helmut, das am 14. Mai veröffentlicht wird. Trotz Aussicht auf den Gewinn eines internationalen Titels bleibt Helmut vorsichtig und bescheiden: „Wo ich ich hinhöre – mein Metzger, mein Bäcker, die sind alle wie narrisch und glauben, das ist schon eingetütet. Ich sag immer: Das gibt ein böses Erwachen! Findet euch erst mal damit ab, dass es nicht klappt! Freuen kann man sich später immer noch."[237]

Während zehntausende Eintrachtler am 18. Mai 2022 in Sevilla vor Ort sind, ist auch das Frankfurter Stadion ausverkauft. Die knapp 50.000 Tickets für das Public Viewing des Finales waren in kürzester Zeit vergriffen. Um noch mehr Fans die Möglichkeit zu geben, das Spiel live zu verfolgen, werden auf den Trainingsplätzen vor

Helmut bei der Feier zum 25. Geburtstag der Ultras Frankfurt 1997, Juli 2022.

dem Stadion große Bildschirme aufgebaut. So können 5.000 weitere Fans das Spiel gegen die Rangers live am Stadion sehen. Helmut verfolgt das Finale mit Emmi zu Hause. Als die Rangers in Führung gehen, hält er es nicht mehr aus und geht zu Bett. Plötzlich hört er aus dem nur wenige Kilometer entfernten Stadion lauten Jubel. Er steht wieder auf und macht den Fernseher an, die Eintracht hat den Ausgleich erzielt. Das Spiel geht in die Verlängerung, auch die ist zu aufregend für Helmut. Also beschließt er erneut, sich ins Bett zu legen. Helmut wandert zurück ins Schlafzimmer und legt sich abermals hin. Einige Zeit später hört er wieder lauten Jubel aus dem Stadion. In der Nachbarschaft werden Raketen gezündet, Autos fahren hupend durch Niederrad. Helmut steht wieder auf und geht zum Fernseher. Er sieht die Jubelbilder aus Sevilla, die Eintracht hat im Elfmeterschießen gewonnen. Helmut macht sich mit Emmi eine Flasche Piccolo auf und trinkt ein Glas Sekt auf „seine" Eintracht. Per WhatsApp meldet er sich nachts: „Matze, wie geht es dir? Ich bin überwältigt, sprachlos." Den nächsten Tag verbringt Helmut vor dem Fernseher, die Übertragung der Feierlichkeiten in Frankfurt am Main verfolgt er bis zur letzten Minute. Und als einige Tage später die Belegschaft der Eintracht Fotos mit dem Europapokal machen darf, ist auch Helmut eingeladen. Stolz posiert er im Foyer des neuen Proficamps der Eintracht mit der Trophäe.

Anfang Juli 2022 feiern die Ultras Frankfurt am Stadion ihren 25. Geburtstag. Die Feier steigt auf dem Gelände der ehemaligen Radrennbahn, an dem Ort, an dem Helmut einst als Zeitnehmer für die Eishockeyabteilung der Eintracht arbeitete. Auch Helmut ist zur Feier eingeladen. Am Eingang bekommt er von den jungen Leuten als Erstes ein T-Shirt geschenkt, dazu kriegt er einen Packen Essens- und Getränkegutscheine – und eine bengalische Fackel. Das T-Shirt zieht er sofort an, das Bengalo gibt er lieber seinen Begleitern. Helmut ist der mit Abstand älteste Gast der Party, er fällt überall auf. Aber er fühlt sich pudelwohl und wird von etlichen Gästen ganz selbstverständlich begrüßt, viele sprechen ihn an und bedanken sich für seinen Besuch. Die, die ihn nicht kennen, erkundigen sich bei ihren Freunden, wer der außergewöhnliche Gast ist. Auch bei den Ultras, über die Helmut wiederholt geschimpft hat, weil die Geldstrafen wegen

Pyrotechnik den Verein viel Geld kosten, ist Helmut mittlerweile zu Hause. Als Peter, ein Anstimmer der Ultras, von der großen Bühne aus „Sonny mit seinen bald 100 Jahren" begrüßt, brandet tosender Applaus auf. Als die Ultras bei einem der folgenden Spiele in dem Fanzine „Schwarz auf Weiß" über die 25-Jahr-Feier berichten, ist das Foto von Helmut im Ultras-T-Shirt im Blättchen abgedruckt.

Zu Gast bei Markus Lanz

Im Sommer 2022 meldet sich auch die Redaktion von Markus Lanz wieder. Der Auftritt von Helmut, der wegen des Halbfinales im Europapokal abgesagt wurde, soll jetzt im Oktober nachgeholt werden. Helmut ist einverstanden, am 5. Oktober nach Hamburg zu reisen. Neben ihm wird auch Vereinspräsident Peter Fischer Gast von Markus Lanz sein. Vor der Reise ist Helmut sehr aufgeregt. Der Talk soll um 19 Uhr aufgenommen werden, die Ausstrahlung ist für 23 Uhr geplant. Am 5. Oktober reist Helmut mit dem Taxi zum Hauptbahnhof. Schon am Bahnsteig wird er von einem Mann angesprochen, der seinen Sohn zum Zug bringt. Der Mann erzählt Helmut, dass er seine Geschichte kennt, und ermuntert ihn: „Herr Sonneberg, ich habe Ihre Geschichte verfolgt, reden Sie weiter. Sie sind ein Vorbild für die Menschen." Stolz berichtet Helmut, dass er abends bei Markus Lanz zu Gast ist. Im Zug will Helmut eigentlich ein bisschen ruhen, doch er ist zu aufgeregt. Seine Tochter ruft an und fordert: „Du solltest jetzt mal nicht so viel babbeln, sondern lieber mal eine Stunde schlafen. Babbeln sollst du heute Abend!" Helmut erwidert, dass er schon die nächsten Termine habe, nach seiner Rückkehr will der Sender Sky Aufnahmen mit ihm machen, außerdem ist er in eine Schule eingeladen.

Auch im Hotel in Hamburg ist an Mittagsschlaf nicht zu denken. Für seinen Auftritt abends hat er sich ein blaues Hemd und einen gelben Pullunder mitgenommen. Aus Solidarität zur Ukraine, die im Februar von Russland angegriffen wurde, möchte er in den Farben der Ukraine auftreten. Der Talk mit Markus Lanz und Vereinspräsident Peter Fischer läuft für Helmut sehr gut. Helmut berichtet eindringlich über sein Leben, über die Verfolgung, seine Ängste, und den Antrieb, jetzt über diese Zeit zu sprechen.

Helmut zu Gast bei Markus Lanz, Oktober 2022.

Er erwähnt auch, dass er bis in die 1990er Jahre Angst hatte, als Jude erkannt zu werden: „Ich habe 70 Jahre lang geschwiegen. Aus Angst, auch aus Scham. Ich hatte immer wieder das Gefühl, auch entdeckt zu werden. Denn es gab nach meiner Version bis in die 1990er Jahre noch überall Nazis. Ich fühlte mich nicht sicher, weil die alten Nazis waren alle noch da. Aber die waren ja im Krieg 20 oder 30 Jahre älter als ich, die sind dann in den 1990er Jahren langsam weggestorben."[238] Auch über die Reaktionen seiner Gesprächspartner spricht Helmut, die seien im Großen und Ganzen nur positiv: „Man hat mir zugestanden, dass ich mutig bin, dass ich das weitertragen soll an die junge Generation. Es gibt aber auch ältere Menschen, etwas jünger als ich, die fragen mich, wieso fängst du jetzt mit deiner Geschichte an. Da sag ich, weil ich danach gefragt werde und weil es jetzt sein muss. Jetzt wichtiger denn je. Und wenn ich gefragt werde, wie stehst du denn zu dem Krieg in der Ukraine, mein Statement ist meine Kleidung, blau und gelb. Wie kann ein einzelner Mensch ein ganzes Land in Schutt und Asche legen?! Das habe ich selbst erlebt. Dem Hitler sind sie hinterhergerannt, als wäre es der Rattenfänger von Hameln."[239]

„Das fasst einen echt an heute bei ‚Lanz'"

Markus Lanz spricht auch das Thema Scham an, und Helmut antwortet, dass er seiner ersten und auch zweiten Frau nichts über die Deportation erzählt habe. „Ich schäm mich ja heute noch manchmal, habe ja überhaupt keinen Grund dazu. Da lieg ich nachts im Bett und überleg, warum schämst du dich, warum gehst du nicht voran und sagst: Ich kann doch nichts dafür! Ein Kind, das geboren wird unter wahnsinnigen Schmerzen der Mutter, hat doch das Recht zu leben, egal wie es aussieht, ob braun, ob gelb, ob rot. Warum nicht ich, und ich sehe aus wie jeder andere."[240]

In der Sendung wird auch der Umgang mit hochbetagten Tätern thematisiert. Angesprochen auf einen 94-Jährigen, der als früherer SS-Mann im Konzentrationslager Stutthof bei Danzig wegen Beihilfe zum Mord in 5.230 Fällen angeklagt ist und zur Rechenschaft gezogen werden soll, sagt Helmut: „Der Mann hat jetzt 70 Jahre oder 80 Jahre eine Schuld mit sich rumgetragen, die er mit sich selbst verantworten muss. Aber als er jung war, hat er auch nicht gefragt, wie alt die Menschen sind, die er umbringt. Ob die 80 Jahre oder 90 Jahre alt waren. Da war er jung und konnte bestimmen. Aber ich sage, lasst den Mann in Ruhe. Der hat 70 oder 80 Jahre die Schuld mit sich rumgetragen, das ist Strafe genug."[241]

Nach der Sendung lädt Markus Lanz Helmut und Peter Fischer in sein Büro ein, die beiden sprechen noch fast eine Stunde mit dem Moderator. Dann macht Markus Lanz mit seiner manuellen Leica-Kamera noch Fotos der Gäste. Die Resonanz auf die Sendung ist überwältigend. Viele Zuschauer hinterlassen in den Foren ihre Kommentare. „Dani" schreibt: „Heute kommen mir dauernd die Tränen", „Manoola" kommentiert: „Das fasst einen echt an heute bei ‚Lanz'. Respekt an Helmut ‚Sonny' Sonneberg." Eine Userin namens „Steinacher" schreibt: „Das war der beste Gast, den Sie jemals hatten, Herr Lanz!!! Hoffentlich haben es viele gehört und inhaliert, was Herr Sonneberg gesagt hat! Ein toller Mann." Und „Black Calito" bilanziert: „Ganz starke Sendung. Ein super Auftritt des Herrn Sonneberg, sehr berührend."

Auf der Rückfahrt am nächsten Tag ist Helmut immer noch aufgedreht. Er kommentiert die Landschaft, berichtet von Hamburg-Reisen mit der Eintracht und schwärmt vom Gespräch mit Markus Lanz: „Wie aufgeschlossen und nett der Markus Lanz zu uns war. Nach der Aufnahme hat er uns in sein Privatbüro gebeten und wir haben noch fast eine Stunde gesprochen. Ich musste ihm sogar ein Autogramm geben und am Schluss hat er uns mit seiner Leica-Kamera fotografiert."[242]

Die letzten Wochen

Schon in den Wochen vor dem Auftritt bei Markus Lanz geht es Helmut gesundheitlich nicht gut. Er berichtet, dass er seine vierte Corona-Impfung nicht gut vertragen habe. Ein Zusammenhang der Impfung mit Helmuts Gesundheitszustand kann medizinisch nicht festgestellt werden. Aber sein „Schlappmaul" wird langsamer, man merkt ihm an, dass ihm das Reden Probleme bereitet. Mehrfach muss Helmut zu Untersuchungen, er bekommt Tabletten, die helfen sollen, seine Stimme wieder zu stärken. Im September 2022 muss er sich einer Augenoperation unterziehen, seine Augenlider werden angehoben. Im Oktober spricht Helmut im Museum noch einmal vor den Adler Classics, dem Seniorenclub der Eintracht. Außerdem steht ein Interview mit einer Gruppe von Schülerinnen und Schülern eines Geschichtskurses an und beim Podcast „Eintracht vom Main" erzählt er noch einmal seine Geschichte, die Aufnahme dauert mehr als eine Stunde. Am 9. November 2022 wird Helmut vor dem Spiel gegen Hoffenheim auf der Waldtribüne vor dem Museum zum Ehrenmitglied des Fördervereins Eintracht Frankfurt Museum e. V. ernannt und erntet donnernden Applaus. Das Spiel verfolgt er wieder gemeinsam mit den Spielern der Meistermannschaft von 1959 in deren Loge. Am 10. November findet am Bendheim-Platz in Bensheim um 18 Uhr eine Gedenkveranstaltung anlässlich des Jahrestags der Zerstörung der Bensheimer Synagoge statt. Die Bensheimer Bürgermeisterin Christine Klein eröffnet die Gedenkfeier, Helmut gehört zu den Ehrengästen.

Der letzte Besuch im Museum

Eine Woche später geht es Helmut gesundheitlich sehr schlecht. Er vermutet, dass er sich in Bensheim verkühlt hat. Helmut hat keine Stimme mehr und keine Kraft, am 19. November wird er ins Krankenhaus eingeliefert. Dort wird er wieder stabilisiert und kann wenige Tage später zurück zu seiner Emmi. Immer wieder kündigt er sich zum Kreppelessen im Museum an, doch meist sagt er jetzt kurzfristig ab. Am 24. Januar begeht die Initiative „!Nie wieder" den Erinnerungstag im Deutschen Fußball, 2023 erstmals mit einer großen Veranstaltung im neuen DFB-Campus in Niederrad. Eigentlich sollte Helmut da sprechen, doch seine Gesundheit lässt das nicht zu.

Trotzdem will er bei der Veranstaltung anwesend sein. Helmut wird dem neuen DFB-Präsidenten Bernd Neuendorf vorgestellt, der sich sehr für seine Lebensgeschichte interessiert. Die beiden machen ein gemeinsames Foto, das Helmut noch vom Campus via WhatsApp an seine Freunde verschickt. Bei der Veranstaltung bleibt er nicht bis zum Ende, nach ca. 60 Minuten verlässt er den Saal und möchte nach Hause fahren. Im Foyer wird gerade das Buffet aufgebaut, Helmut schnappt sich vier Servietten und packt für Emmi und sich einige Sachen ein. Da lacht er schon wieder und sagt: „Die haben ja eh für mich mitgeplant, da kann ich das Essen auch mitnehmen."

Am 27. Januar startet die Abschlussfahrt des dritten Spurensuche-Projekts der Eintracht. 40 Fans reisen nach München, um neben dem Besuch des FC Bayern Museums auch an einem Stadtrundgang auf Spuren jüdischer Bayern-München-Mitglieder und einer Führung durch die Gedenkstätte Dachau teilzunehmen. Samstags steht außerdem das Auswärtsspiel der Eintracht beim FC Bayern an. Bei der diesjährigen Reise erinnern die Fans an Emanuel Rothschild, der von den Nationalsozialisten zeitweise nach Dachau verschleppt wurde. Die Gruppe der Eintrachtler wird begleitet von Sabine Kosumov, der Großnichte von Emanuel Rothschild. Sie möchte Helmut unbedingt kennenlernen, denn er ist der letzte Mensch, der ihr noch Auskünfte über ihren Großonkel geben kann. Und Helmut lässt es sich nicht nehmen, die Gruppe zu verabschieden. Pünktlich zur Abfahrt kommt er mit einer großen Tüte Kreppel zum Eintracht-Museum. Helmut wirkt sehr angeschlagen, er spricht langsam und scheint müde. Trotzdem beantwortet er Sabine Kosumov noch einige Fragen, macht mit der Gruppe ein gemeinsames Foto, wünscht allen einen Auswärtssieg und winkt dann dem abfahrenden Bus hinterher. Es ist sein letzter Besuch im Eintracht-Museum.

Am 30. Januar wird Helmut mit dem Verdacht auf einen Wirbelbruch ins Krankenhaus Sachsenhausen eingeliefert. Es wird festgestellt, dass sein dritter Lendenwirbel gebrochen ist. Die Ärzte beschließen, den Bruch zunächst konservativ zu behandeln. Wenn das keinen Erfolg verspricht, soll eine Operation folgen. Helmut berichtet über unsagbare Schmerzen, die Ärzte entschließen sich zu einer Operation. Am 4. Februar spielt die Eintracht gegen Hertha BSC. In der Halbzeit entrollen die Fans in der

Genesungswünsche aus der Kurve, 4. Februar 2023, Heimspiel gegen Hertha BSC.

Nordwestkurve ein Banner mit der Aufschrift „Stark bleiben Sonny! Wir wollen noch gemeinsam Meister werden!". Die Eintracht ist zu der Zeit Tabellenfünfter der Bundesliga und hat fünf Punkte Rückstand auf Tabellenführer Bayern München. Das Bild mit dem Banner wird Helmut ins Krankenhaus geschickt, er antwortet diesmal nur mit einem Herzchen. Anfragen, ob Helmut Besuch empfangen möchte, beantwortet er nicht mehr.
Am 5. Februar 2023 besuche ich Helmut nachmittags noch einmal. Er ist sehr schwach, freut sich aber über das Bild der Fans. Und verabschiedet mich nach fünf Minuten mit den Worten „Komm, mach dich fort ...". In den folgenden Tagen beschließen die Ärzte, Helmut am Lendenwirbel zu operieren. Doch am Tag der geplanten Operation verschlechtert sich sein Gesundheitszustand massiv. Helmut Sonneberg stirbt im Krankenhaus Sachsenhausen am 10. Februar 2023 gegen 16 Uhr im Alter von 91 Jahren.

Ein würdiger Abschied

Die Nachricht vom Tod von Helmut Sonneberg macht schnell die Runde. Bereits um 17 Uhr veröffentlicht die Eintracht auf der Homepage einen Nachruf mit folgendem Text: „Helmut ‚Sonny' Sonneberg, seit über 75 Jahren Eintracht-Fan, Holocaust-Überlebender und herausragender Repräsentant des Vereins, ist am 10. Februar 2023 im Alter von 91 Jahren verstorben. Er hat keine großen sportlichen Erfolge für die Eintracht gefeiert, er hat nie ein entscheidendes Tor im Stadion geschossen. Für den Verein war er trotzdem ein herausragender Repräsentant, der in beeindruckender Weise seine Lebensgeschichte als Holocaust-Überlebender an die nachfolgenden Generationen weitergegeben hat. Nun ist Helmut Sonneberg, den alle nur ‚Sonny' nannten, verstorben.
Als 13-Jähriger wurde Sonny, dessen Eltern jüdischen Glaubens waren, von den Nazis nach Theresienstadt verschleppt. Zuvor erlebte er in seiner Heimatstadt Ausgrenzung, Schikanen und Gewalt. Sonny durfte nicht zur Schule gehen, musste zeitweise im Waisenhaus leben und ab 1941 den ‚Judenstern' tragen. Seine Kindheit wurde ihm geraubt. Als er im Mai 1945 in Theresienstadt von der Roten Armee befreit wurde, wog er nicht einmal mehr 30 Kilogramm.

Sonny kehrte zurück nach Frankfurt, wurde zeitweise Mitglied bei der Eintracht und spielte in verschiedenen Mannschaften. Nie hochklassig, aber immer mit einer großen Begeisterung für den Sport und die Gemeinschaft. Die Eintracht wurde sein Verein und seine Familie, er besuchte die Fußballspiele, aber auch Wettkämpfe der anderen Abteilungen. In der neu gegründeten Eishockeyabteilung half er bei Spielen in der Radrennbahn als Zeitnehmer mit. Berühmt wurde Sonny 1959, als er mit Fahne und Zylinder nach Berlin reiste, um mit der Eintracht den Gewinn der Deutschen Meisterschaft zu feiern. In den folgenden Jahrzehnten verfolgte Sonny seine Eintracht live im Stadion. Als er pensioniert wurde, gehörte er zu den Riederwald-Rentnern, die jedes Training der Mannschaft beobachteten. Wo die Eintracht war, war auch Sonny!

Viele Jahre sprach Helmut Sonneberg nicht über die Zeit der Ausgrenzung und Verfolgung. Erst 2018 berichtete er erstmals im Rahmen einer Lehrerfortbildung im Eintracht-Museum über seine Kindheit. In den folgenden Monaten folgte ein erster Gesprächsabend mit Fans der Eintracht, 2019 begleitete Sonny eine Gruppe Eintracht-Fans zu einer Bildungsreise ins ehemalige Ghetto Theresienstadt. Seine authentischen Schilderungen über die traumatischen Erlebnisse, seine klaren Erinnerungen an persönliche Gefühle und seine trotz allem versöhnliche und optimistische Art werden allen Mitreisenden von 2019 unvergesslich bleiben.

Unmittelbar nach der gemeinsamen Reise nach Theresienstadt wurde Helmut Sonneberg von Eintracht Frankfurt zum lebenslangen Mitglied ernannt, eine Auszeichnung, die ihn mit Stolz erfüllte. Unermüdlich war er in den vergangenen Jahren als Zeitzeuge im Einsatz, ob in Schulen, bei Vereinen oder bei gesellschaftlichen Anlässen. Die Schilderungen über sein Leben als Verfolgter des NS-Regimes beeindruckten die ganze Eintracht-Familie und darüber hinaus unzählige Menschen in der ganzen Welt.

Helmut „Sonny‘ Sonneberg wird bei Eintracht Frankfurt und weit darüber hinaus als beeindruckender Mensch in Erinnerung bleiben. Sonny stand entschieden für die Werte, für die auch Eintracht Frankfurt eintritt: Er engagierte sich gegen Rassismus,

Ausgrenzung und Antisemitismus und setzte sich auch im hohen Alter ein für demokratische Werte und eine tolerante Gesellschaft. Wir sind traurig, ihn gehen lassen zu müssen, aber unendlich dankbar, dass er in unserer Mitte war."[243]

Betroffenheit unter den Schülern

Die Anteilnahme am Tod von Helmut Sonneberg ist überwältigend. In den Onlineforen und in den sozialen Plattformen kondolieren hunderte Menschen, auch Markus Lanz schickt Beileidsgrüße. Kondolenzschreiben kommen auch vom Hessischen Ministerpräsidenten Boris Rhein und vom DFB-Präsidenten Bernd Neuendorf. Die Deutsche Fußball Liga veröffentlicht einen Nachruf und bei einer Onlinetagung des bundesweiten Fußballnetzwerks „!Nie wieder" wird des Verstorbenen gedacht. In den Nachrichten der regionalen Rundfunksender wird über den Tod von Helmut Sonneberg berichtet, die „Hessenschau" erinnert an den Verstorbenen. Auch bei Schülerinnen und Schülern, die Helmut als Zeitzeugen erlebt haben, ist die Betroffenheit groß. „Der Tod von Sonny hat uns sehr betrübt, einige unserer ehemaligen Schüler, die an dem gemeinsamen Gespräch in der Aula teilgenommen hatten, haben sich direkt bei mir gemeldet. Dieses Gespräch hat viel Eindruck hinterlassen, das hätte Sonny gefallen", schreibt ein Lehrer, der das Gespräch am Heinrich-von-Gagern-Gymnasium mitorganisiert hat. Am Museum werden Blumen vorbeigebracht, in den folgenden Tagen liegt hier ein Kondolenzbuch aus. Und als die Eintracht am Sonntag in Köln spielt, entrollen die Fans große Transparente, auf denen steht: „Möge die Erde Dir leicht sein, lieber Sonny. Für immer Eintracht Frankfurt." Dazwischen wird eine einzelne bengalische Fackel gezündet.

Zum Heimspiel gegen den SV Werder Bremen gibt es eine Gedenkminute: Am 7. Februar ist auch Friedel Lutz gestorben. Lutz, der mit der Eintracht 1959 Deutscher Meister wurde und 1960 das Europapokalfinale erreicht hat, wurde mit der deutschen Nationalmannschaft 1966 in England Vizeweltmeister. Die Gedenkminute, die am 18. Februar 2023 für Friedel Lutz und Helmut Sonneberg abgehalten wird, ist vermutlich die längste Gedenkminute, die es in Frankfurt gab. Das Stadion schweigt mehr als zwei Minuten, als die Verdienste der beiden Eintrachtler noch einmal ins Gedächtnis gerufen werden. Als der Stadionsprecher um einen Moment des stillen Erinnerns bittet, hört man sogar das Entzünden der vier bengalischen Fackeln, die in der Nordwestkurve um die Konterfeis von Friedel und Sonny entzündet werden. Im Oberrang wird ein Banner für Friedel Lutz entrollt, auf dem zu lesen ist: „Deutscher Meister und Zeugwart – eine Eintracht-Legende auf und neben dem Platz – Ruhe in Frieden, Friedel Lutz." Das Banner im Unterrang ist Helmut gewidmet: „Glorreiche Zeiten, traurige Tage, Du warst Eintracht, gar keine Frage." Trauerbekundungen gibt es am gleichen Tag auch in Lichtenberg, wo Chemie Leipzig ein Auswärtsspiel in der Regionalliga absolviert. Beim 0:0 des SV Lichtenberg 47 gegen Chemie entrollen die Diablos, die Ultras-Gruppierung von Chemie, ein Banner mit der Aufschrift: „Die Eintracht im Herzen & das am richtigen Fleck – Ruhe in Frieden lieber Sonny".

„Meine größte Strafe ist es, mein Maul halten zu müssen!"

Am 28. Februar findet auf dem Waldfriedhof in Goldstein die Trauerfeier mit anschließender Urnenbeisetzung statt. Für die große Menschenmenge ist die kleine Kapelle viel zu klein. Die Zeremonie wird per Lautsprecher auf den Vorplatz übertragen, wo zahlreiche Gäste zuhören. Das Präsidium der Eintracht wird vertreten durch Peter Fischer und Stefan Minden, auch aus dem Vorstand der Fußball AG sind mit Axel Hellmann und Philipp Reschke gleich zwei Vertreter gekommen. Die Fanszene ist breit repräsentiert, Fanclubverband, Fanabteilung und Ultras sind gekommen. Auch viele Journalisten, die in den letzten Jahren mit Helmut zusammengearbeitet haben, sind vor Ort. In der Kirche liegen Kränze von Familie, Freunden, der Eintracht, Fanclubs und Vereinen. Neben einem Foto von Helmut steht die Urne in Eintracht-Farben, darum gewickelt ist jener Schal, den nur lebenslange Mitglieder erhalten. Der Zylinder, den Helmut 1959 beim Gewinn der Deutschen Meisterschaft getragen hat, ist ebenfalls zwischen den Blumengebinden platziert, auch seine Eintracht-Kappe, die er bis zuletzt getragen hat.

Die Trauerfeier, zu der mehr als 100 Freunde kommen, startet mit dem Song „Auld Lang Syne", einem Lieblingslied von Helmut. Enkelin Leonie verabschiedet sich mit bewegenden Worten von ihm; unter Tränen sagt sie: „Ich bin unendlich dankbar für die vielen Jahre, die mein Opa hier auf dieser Welt mit uns verbringen durfte. Dankbar für sein Frankfurter Schlappmaul, das niemals, wirklich niemals stillstand. Dankbar für seine absolute Ehrlichkeit, in wirklich jeder Situation, unpassend oder nicht, aber immer mit dem Herzen auf der Zunge. Dankbar, dass er nach all den Jahren endlich reden konnte, die Menschen ihm zugehört haben und ihm so viel Wertschätzung entgegengebracht haben. Das erfüllt uns als Familie mit unglaublichem Stolz. Dankbar für die unglaubliche Anteilnahme, die wir in den letzten Wochen erhalten haben. Opa hätte nur wieder mit dem Kopf geschüttelt und sich gefragt, was ihr alle hier wollt. Und wer ihn kannte, weiß genau, was er jetzt an dieser Stelle gesagt hätte: ‚Ihr Arschlöcher, was wollt ihr alle hier?'. So war er eben, mein Opa. Er liebte das Leben, Kreppel vom Eifler, Rindswurst von Gref-Völsing und Äppelbrei, am liebsten selbst gemacht. Geduld war absolut nicht seine Stärke. Über Versprecher konnten wir Stunden lachen. So viel wir gelacht haben, haben wir auch gemeinsam geweint. Denn Du warst so wie wir, sehr emotional … Du hast immer gesagt, ‚Meine größte Strafe ist es, mein Maul halten zu müssen!'. Nun ist es leider so weit, und das ist unser Schmerz. Wie sehr werden wir dein Schlappmaul vermissen. Aber Du lebst in uns weiter, wirst immer ein Teil von unserem Leben sein, uns begleiten. Und wenn wir an Dich denken, wirst Du uns immer wieder zum Lächeln bringen, denn Erinnerungen, die unser Herz berühren, werden niemals verloren gehen. Und Du hast es geschafft, all unsere Herzen zu berühren."[244]

Zum Abschluss der Trauerfeier ertönt in der Kapelle des Waldfriedhofs die Vereinshymne „Im Herzen von Europa", die Gäste singen mit. Vorher hat Trauerredner Thomas Reck die Trauergäste um einen donnernden Applaus für Helmuts Lebenswerk gebeten, es folgt ein minutenlanger Beifall. Im Eintracht-Museum gibt es nach der Trauerfeier Kreppel und belegte Brötchen, mehr als 100 Menschen nehmen auch hier noch einmal Abschied von Sonny.

Im Juni 2023 wird Helmuts Grab mit einer Grabplatte versehen, auf der das Bild seines Eintracht-Zylinders eingelassen ist. Regelmäßig legen Fans Blumen am Grab nieder, auch die ehemaligen Kollegen der „Riederwald-Rentner" gehen immer wieder zum Grab von Helmut Sonneberg und bringen Blumen oder Bilder mit.

Nachspielzeit

rg

„Ich habe die Hoffnung, dass ihr euch damit auseinandersetzt“

Helmut Sonneberg hat die Eintracht immer als seine Familie gesehen, er war dankbar für die Gemeinschaft, die er über Jahrzehnte erleben durfte: „Die Eintracht ist meine große Familie. Ich habe mich immer sehr wohlgefühlt und in all diesen Jahren nie irgendwelche Ressentiments gespürt, ja ganz im Gegenteil. Alle wussten wahrscheinlich, wer ich bin, wo ich herkomme, aber niemals hat ein Eintrachtler eine Frage oder ein böses Wort an mich gerichtet. Wie gesagt, die Eintracht ist meine große Heimat.“[245]

In Interviews hat Helmut immer wieder darüber berichtet, wie alt er werden möchte: Mal forderte er, 104 Jahre alt zu werden, dann hätte er die Rente, die er eingezahlt hatte, wieder rausgehabt. Alternativ wollte er bis zur zweiten Meisterschaft der Eintracht leben. „Vielleicht hängt der liebe Gott die zwölf Jahre, die der Hitler mir geklaut hat, ja noch hintendran“, überlegte er.

Schon wenige Tage nach Helmuts Tod tauchen in Frankfurt am Main Aufkleber auf. Auf den kleinen, viereckigen Stickern ist lediglich sein Zylinder mit Eintracht-Adler zu sehen. Die Aufkleber sind in großer Stückzahl produziert und finden sich in der ganzen Stadt. Eintracht-TV produziert einen Film, der an Helmut erinnert. Der Hessische Rundfunk wiederholt die Dokumentation „Sonny – Eine Geschichte über den Holocaust, Eintracht und Frankfurt“. Viele Institutionen, die in den vergangenen Jahren Interviews, Podcasts, Filme oder Gesprächsrunden mit Helmut gemacht haben, stellen dem Eintracht-Museum ihre Dokumentationen zur Verfügung.

Zu Lebzeiten hat Helmut sein Engagement und seine Motivation einmal wie folgt beschrieben: „Ich habe ja nur eine Tochter. Und die wusste natürlich schon, wer ich bin und wo wir waren. Und was wir mitgemacht haben. Aber Fragen gestellt hat sie nie. Jetzt natürlich, in dem Zustand seit drei Jahren, seitdem ich rede, da saugt sie das auch alles auf. Sie geht mit ins Museum, die hört sich Vorträge an, meine Erzählungen an, und sie sammelt alles. Ich habe ja Zeitungsartikel in der ‚Rundschau‘, in der ‚Neuen Presse‘, in der ‚Bild‘-Zeitung. Wie gesagt, jetzt stürzt alles auf mich ein, das ist alles sehr komprimiert, weil ich ja da drüber nie reden wollte. Und erst auf Initiative der Eintracht rede ich jetzt. Aber wie gesagt, ich habe die Hoffnung, dass ihr euch damit auseinandersetzt oder das Erlebte weitergebt. Oder dass in eurem Geschichtsunterricht

Die Grabplatte auf dem Waldfriedhof Goldstein zeigt Sonnys Zylinder.

mit einbringen könnt, mit aufarbeiten. Vielleicht gibt euch das ja was, was ich hier erzähle. Aber schon das Nachfragen, denke ich, gibt mir recht, dass ich denke, das machst du gut, mach es weiter, solange du kannst. Die jungen Leute interessieren sich dafür. Und ich werde immer wieder ermuntert. Meine Lebensgefährtin fragt mich immer, ‚Hast du morgen was?' Es ist dauernd was. Ich will nicht sagen, dass es mir manchmal zu viel wird. Denn ich bin ja in einem Alter, da ist man nicht mehr so jung. Ich habe ja jeden Morgen eine andere Baustelle an meinem Körper, jetzt habe ich einen Muskelfaserriss. Aber egal. Ich mache es, solange ich kann, und es freut mich, es macht mir auch Spaß, wenn ich Zuhörer habe, die sich dafür interessieren."[246]

Sonnys Geschichte wird weitererzählt

Anlässlich der Trauerfeier auf dem Waldfriedhof Goldstein hatte die Eintracht bereits verlautbaren lassen: „Wenn Sonny mal wehmütig war, klagte er, ‚Aus mir altem Bock ist nix geworden!'. Er hätte gerne studiert, Sonny war sehr belesen, er wäre gerne Journalist geworden. Aber die Nazis hatten ihm die Schulbildung geraubt. Wir haben es ihm zu Lebzeiten immer schon gesagt: Sonny, natürlich ist aus Dir was geworden. Ein grundehrlicher, herzensguter Kerl, der Jung und Alt in seinen Bann gezogen und zum Nachdenken gebracht hat. Lieber Sonny, wir sind uns sicher, keiner der Heranwachsenden, vor denen Du geredet hast, wird Dich und Deine Botschaft je vergessen. Kein Eintrachtler, der Dich kennengelernt hat, wird Dein Engagement je vergessen. Und dass Deine Geschichte auch nach dem Tod weitererzählt wird, dafür werden wir sorgen. Was Du für die Gesellschaft und die Eintracht geleistet hast, war einzigartig und wird in uns allen weiterleben und von uns weitergegeben. Dafür von Herzen vielen Dank!"[247]

Helmut Sonneberg, von der Eintracht zum lebenslangen Mitglied gemacht, hat dem Verein durch seine Arbeit als Zeitzeuge sehr viel gegeben. Der Wert seiner Schilderungen, seiner Berichte, seiner Gespräche und seiner Appelle ist nicht in Titeln und Toren zu messen. Sonny wurde zu einem Gesicht des Vereins, er hat das gesellschaftspolitische Engagement der Eintracht verkörpert. Das vorliegende Buch soll ein Teil sein von Helmuts Vermächtnis. Die Eintracht wird seine Geschichte auch den kommenden Generationen erzählen.

Helmut mit seinen Schätzen.

Abpfiff

Schlusswort eines Wegbegleiters

Helmut „Sonny“ Sonneberg kannte ich schon, als ich im Jahr 2000 Präsident unserer Eintracht wurde. Sonny war einer der Rentner, die jeden Tag am Riederwald ihren Kaffee tranken und alle Entwicklungen rund um die Eintracht lauthals kommentierten.
Von Sonnys Geschichte wusste ich zu dieser Zeit noch nichts. Für mich war er der lautstarke Rentner, der die Eintracht mit viel Emotionen begleitete. Erst als ich mich im Winter 2017 politisch positionierte und die Werte des Vereins auch über die Eintracht hinaus verdeutlichte, wurden unsere Gespräche ernsthafter. Nach und nach erfuhr ich von Sonnys Kindheit, von der Verfolgung, den Demütigungen, dem Verstecktsein und der Deportation nach Theresienstadt. Von Beginn an unterstützte mich Helmut im Kampf gegen antidemokratische Kräfte, er motivierte mich, mich auch im Namen der Eintracht für Demokratie und ein friedliches Miteinander einzusetzen.
Unsere Verbindungen wurden in diesen Monaten enger. Helmut begleitete Bildungsreisen des Museums und beeindruckte als Zeitzeuge zahlreiche Menschen. Auch ich folgte immer wieder gebannt seinen Schilderungen und Erinnerungen. Und es war für mich eine große Ehre, dass ich Helmut im Januar 2020 am Riederwald zum lebenslangen Mitglied der Eintracht machen durfte. Seine Freude, seine kurze Sprachlosigkeit und seine Tränen werden mir immer in Erinnerung bleiben. Sonny war einst ganz bewusst aus dem Verein ausgetreten, den er so liebte. Dass das Wirken des damaligen Präsidenten in der Waffen-SS für kein Vereinsgremium ein Problem zu sein schien, konnte er nicht verstehen, die Mitgliedschaft konnte er mit seinem Gewissen und seiner Geschichte nicht vereinbaren. So zog er für sich die Konsequenzen und trat aus dem Verein aus. Zu den Spielen der Eintracht ging er natürlich weiterhin. Ohne Eintracht hätte er ja gar nicht leben können, das hat er immer selbst so beschrieben.
Sonny gehörte immer zur Eintracht, ob er Mitglied war oder nicht. Denn er verkörperte die Werte unseres Vereins in vorbildlicher Weise. Sonny war ein Kämpfer für Demokratie, gegen Ausgrenzung, Vorurteile und Rassismus. Mit einem bewundernswerten Elan repräsentierte er unseren Verein noch im hohen Alter und darüber hinaus war er einer der größten Fans unserer Eintracht. Er schwärmte von Hubert Schieth, Jürgen

Grabowski, Alfred Pfaff, den Tischtennisdamen und Heinz Ulzheimer, er berichtete von Auswärtsfahrten per Fahrrad oder Kohletransporter. Sonny war ein großes Geschichtsbuch der Eintracht. Er trauerte nach Abstiegen und vergebenen Chancen, er genoss die großen Erfolge. Und er war glücklich in der Gemeinschaft. Die Eintracht-Familie bot ihm eine Sicherheit, die er als Kind nie erleben durfte. Das machte ihn glücklich.

In über zwanzig Jahren als Präsident von Eintracht Frankfurt war mir Sonny stets ein wichtiger Begleiter. Er war ein väterlicher Ratgeber, ein polternder Freund, ein sensibler Mahner und in seiner Geradlinigkeit ein echtes Vorbild. Durch seine Impulse habe ich vieles kritischer hinterfragt und sein Wirken hat meine Entscheidungen beeinflusst. Ich bin sehr dankbar, ihn kennengelernt zu haben. Und es freut mich, dass seine Lebensgeschichte bei der Eintracht auch weitererzählt wird.

Peter Fischer
Präsident Eintracht Frankfurt e.V.

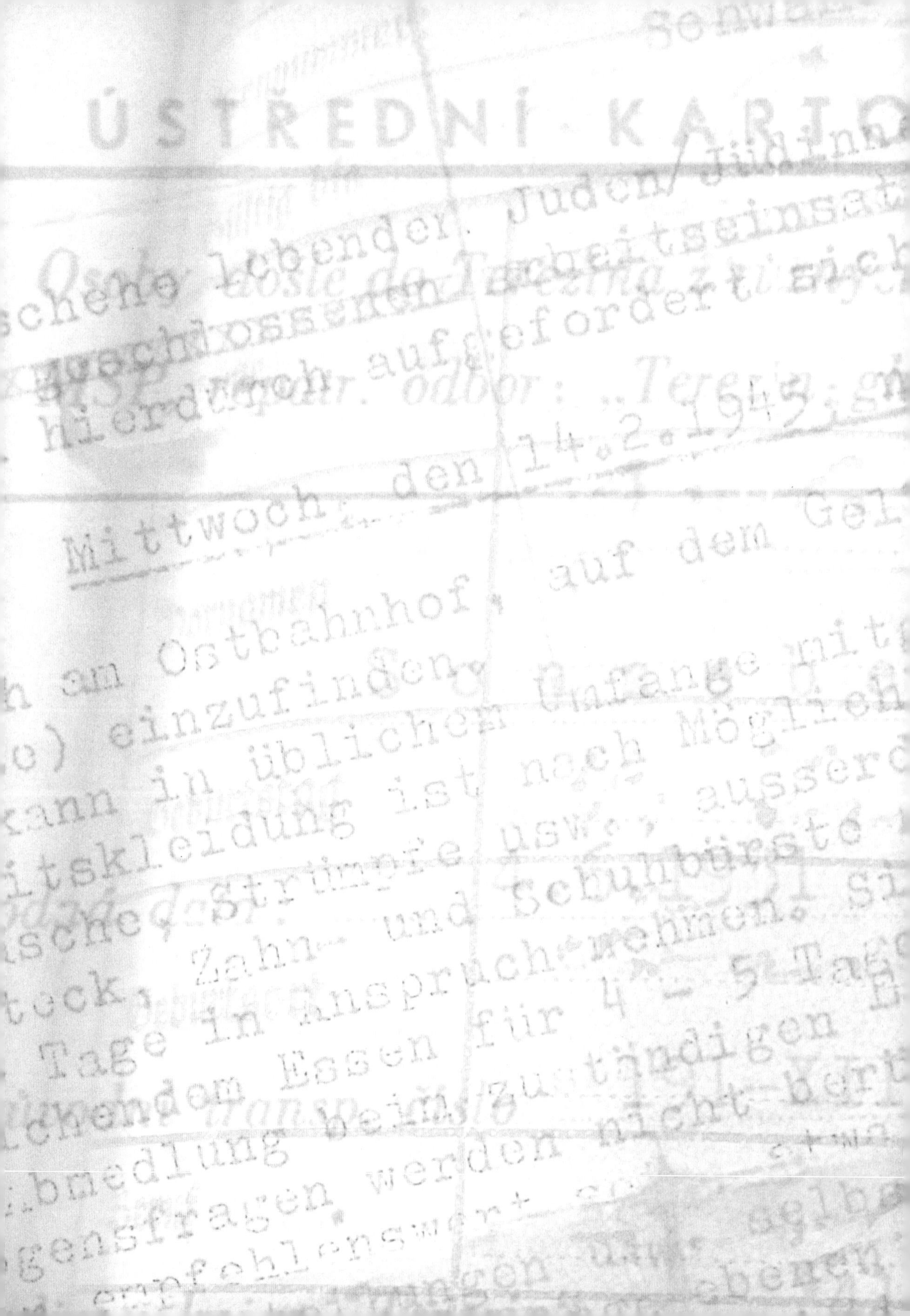
ÚSTŘEDNÍ KARTO
schene lebender Juden/Jüdinn
geschlossenen Arbeitseinsat
hierdurch aufgefordert sich
Mittwoch, den 14.2.1945
auf dem Gel
h am Ostbahnhof,
c) einzufinden.
kann in üblichem Umfange mit
itskleidung ist nach Möglich
sche, Strümpfe usw., ausserd
tück, Zahn- und Schuhbürste
Tage in Anspruch nehmen. Si
chendem Essen für 4 – 5 Tag
bmeldung beim Zuständigen
gensfragen werden nicht berü
empfehlenswert

Zahlen und Fakten

Über den Autor

Matthias Thoma, Jahrgang 1972, lebt in Hofheim am Taunus. Bereits Ende der 1990er Jahre half er beim Aufbau des Vereinsarchivs der Eintracht, 2007 wurde er Leiter des neueröffneten Eintracht Frankfurt Museums im Stadion.
Matthias Thoma ist Autor zahlreicher Publikationen zur Vereins- und Sportgeschichte. 2007 hat er im Werkstatt-Verlag das Buch „Wir waren die Juddebube – Eintracht Frankfurt im Nationalsozialismus“ veröffentlicht.

Endnoten

1 Vgl. Kramer 1964, S. 418.
2 Vgl. Matheja 2011, S. 94 ff., S. 404.
3 Vgl. Schilling 2002, S. 42 ff., VAEF: Personenakte Helmut Sonneberg. In dieser befinden sich Kopien von Geburtsurkunden der Familie.
4 Interview Sonneberg, 2021.
5 Vgl. Günzler 2009, S. 12 f.
6 Vgl. Historisches Museum 2021, S. 299.
7 Vgl. Hilberg 1990, S. 36 ff.
8 Vgl. Kommission zur Erforschung der Geschichte der Frankfurter Juden 1963, S. 65 f.
9 Interview Sonneberg, 2022.
10 Schilling 2002, S. 42.
11 DAL: Taufbucheinträge Dom K 97, Nr. 228/34.
12 Interview Sonneberg, 2022.
13 Ebd.
14 SMF: Geburtsurkunde Helmut Sonneberg. Die Adressangabe Eschenbach-Str. 14 bezieht sich auf den Eingang des Städtischen Krankenhauses in Sachsenhausen.
15 Interview Sonneberg, 2020.
16 Ebd.
17 Im Adressbuch der Stadt Frankfurt aus dem Jahr 1937 ist Fritz Wessinger mit der Berufsbezeichnung „Möbelträger" vermerkt.
18 Vgl. Kramer 1964, S. 418.
19 Interview Sonneberg, 1996.
20 Interview Sonneberg, 2021.
21 Dokumentation 1/2022.
22 Amtsblatt des Reichsministeriums für Wissenschaft, Erziehung und Volksbildung und der Unterrichtsverwaltungen der Länder, Band 4 (1938), VAEF: Personenakte Helmut Sonneberg.
23 Vgl. Goldschmidt 1964, S. 109.
24 Interview Sonneberg, 2021.
25 Ebd.
26 Vgl. Jüdisches Museum 2005, S. 104.
27 Vgl. Interview Günzler, 1996.
28 Vgl. Jüdisches Museum 2005, S. 106.
29 Vgl. ebd.
30 Vgl. Günzler 2009, S. 56.
31 Vgl. Hilberg 1990, S. 152 ff.
32 Vgl. Gruner 2002, S. 110 f., S. 143 ff.
33 Günzler 2009, S. 58.
34 Interview Sonneberg, 2021.
35 Vgl. ISG: Adressbuch der Stadt Frankfurt, Ausgabe 1931.
36 Jüdisches Museum 2000, S. 141.
37 Vgl. ebd., S. 142.
38 Interview Sonneberg, 2021.
39 Ebd.
40 Interview Sonneberg, 1996.
41 Ebd.
42 Goldschmidt 1964, S. 16.
43 Ebd., S. 113.
44 Vgl. Jüdisches Museum 2000, S. 142. Heute erinnert im Frankfurter Ostend ein Rosa-Marx-Weg an die engagierte Pädagogin.
45 Vgl. Mahnkopp 2020, S. 199.
46 Vgl. Günzler 2009, S. 83.
47 Vgl. Mahnkopp 2020, S. 15.
48 Günzler 2009, S. 96. Lilo Günzler datiert die Rückkehr von Helmut Sonneberg fälschlicherweise auf Juni 1943. Tatsächlich ist belegt, dass das Kinderheim bereits im September 1942 geräumt wurde.
49 Interview Sonneberg, 2021.
50 Interview Sonneberg, 1996.
51 Vgl. Deutsche Verlustlisten des Ersten Weltkriegs, https://www.ancestry.de/search/collections/2124/.
52 Frankfurter Neue Presse, 31. Oktober 1952.
53 Vgl. Mahnkopp 2020, S. 190.

54 Vgl. Jüdisches Museum 2005, S. 308, S. 496.
55 Daub 1999, S. 328.
56 Vgl. Becht 1999, S. 228.
57 Vgl. Günzler 2009, S. 92 ff.
58 Interview Sonneberg, 2021.
59 Vgl. Günzler 2009, S. 101.
60 Interview Sonneberg, 2021.
61 Ebd.
62 Es handelt sich hier um das sog. „Heckerlied". Vgl. hierzu: https://de.wikipedia.org/wiki/Heckerlied.
63 Der Stummfilmstar Tom Mix zog sich 1935 aus dem Filmgeschäft zurück, er ging mit einem Zirkus auf Gastspielreisen durch die Vereinigten Staaten und nach Europa. Telefonisch begrüßte Adolf Hitler ihn 1939 vom Schlachtschiff „Scharnhorst", als Mix in Dänemark Station machte. Es wird berichtet, dass der Amerikaner antwortete: „Ich besuche meine Fans in Deutschland gerne wieder, aber erst über Ihre Leiche." Vgl. hierzu Der Spiegel, 42/1983, S. 47.
64 Interview Sonneberg, 2021.
65 Ebd.
66 Vgl. Günzler 2009, S. 106 ff.
67 Vgl. Fleitner 2013, S. 42.
68 Interview Sonneberg, 2021.
69 Ebd.
70 Vgl. Günzler 2009, S. 140 ff.
71 Interview Sonneberg, 1996.
72 Vgl. Günzler 2009, S. 160.
73 Vgl. Jüdisches Museum 2005, S. 37.
74 Ebd., S. 401.
75 Ebd., S. 400. Es gibt auch überlieferte Benachrichtigungen, bei denen der Passus nicht gestrichen ist, beispielsweise beim Bescheid für Marianne Maier, vgl. hierzu Jüdisches Museum 2000, S. 200.
76 Interview Sonneberg, 2021.
77 Interview Sonneberg, 1996.
78 Vgl. Günzler 2009, S. 171.
79 Interview Sonneberg, 2021.
80 Günzler 2009, S. 174. In Lilos Erinnerung ging die Deportation vom Ostbahnhof aus. Richtig ist aber, dass Helmut von der Großmarkthalle aus deportiert wurde.
81 Interview Sonneberg, 2021.
82 Vgl. Thoma 2007, S. 174 f.
83 Vgl. ebd., S. 168 f.
84 Leunig 2007, S. 64.
85 Vgl. Thoma 2007, S. 200 ff.
86 Vgl. ebd., S. 186 ff.
87 Vgl. Jüdisches Museum 2005, S. 402.
88 Interview Sonneberg, 2021.
89 Über die Ankunft in Theresienstadt haben Überlebende unterschiedliche Angaben gemacht. Im Ghetto wurde der Transport am 18. Februar 1945 registriert. Vgl. hierzu https://www.statistik-des-holocaust.de/list_ger_swd_43t.html.
90 Vgl. Jüdisches Museum 2005, S. 287.
91 Vgl. Benz 2013, S. 36 ff.
92 Vgl. Jüdisches Museum 2005, S. 286 f.
93 Vgl. Steiner 2017, S. 9.
94 Dokumentation 2019.
95 Ebd.
96 Interview Sonneberg, 2021.
97 Ebd.
98 Vgl. https://www.ghetto-theresienstadt.de/pages/g/glimmer.htm.
99 Interview Sonneberg, 2021.
100 Vgl. Adler 2005, S. 203.
101 Interview Sonneberg, 2021.
102 Vgl. Adler 2005, S. 166.
103 Vgl. ebd., S. 698 ff.
104 Interview Sonneberg, 2021.
105 Ebd.
106 Ebd.
107 Vgl. https://www.holocaust.cz/de/geschichte/ghetto-theresienstadt/die-letzten-transporte-und-das-kriegsende-in-theresienstadt/.

108 Interview Sonneberg, 2021.
109 Vgl. hierzu Informationssystem der Gesundheitsberichterstattung des Bundes www.gbe-bund.de.
110 Interview Sonneberg, 2021.
111 Vgl. HHStA, Abt. 518 Nr. 65201.
112 Interview Sonneberg, 2021.
113 Vgl. Günzler 2009, S. 181 ff.
114 Günzler 2009, S. 193.
115 Vgl. HHStA, Abt. 518 Nr. 65201.
116 Interview Sonneberg, 2022.
117 Interview Sonneberg, 2021.
118 Ebd.
119 Vgl. Günzler 2009, S. 211.
120 Interview Sonneberg, 2022.
121 Interview Sonneberg, 2021.
122 Vgl. HHStA, Abt. 518 Nr. 65201.
123 Ebd.
124 Vgl. ebd.
125 Podcast Sonneberg, 2022.
126 Ebd.
127 Dokumentation 1/2022.
128 Podcast Sonneberg, 2022.
129 Vgl. Eintracht Frankfurt Museum 2009, S. 108.
130 Interview Sonneberg, 2022.
131 Vgl. Thoma 2007, S. 190 ff. sowie VAEF: Protokolle der Vorstandssitzung am 14. Oktober 1946, S. 1.
132 Vgl. Thoma 2007, S. 187 ff.
133 Vgl. Kugelmann 1999, S. 445.
134 Vgl. Arolsen Archives, https://collections.arolsen-archives.org/de/document/70340920.
135 Interview Sonneberg, 2022.
136 Ebd.
137 Ebd.
138 Interview Sonneberg, 2016.
139 Interview Sonneberg, 2022.
140 Vgl. Bauer 2000, S. 128.
141 Interview Sonneberg, 2022.
142 Abraham „Romme“ Rozenberg wurde 1928 bei Krakau geboren. Die Familie wurde von den Nationalsozialisten deportiert. Abraham und sein Vater überlebten die Shoah. Vgl. VAEF: 50 Eintrachtler.
143 Interview Sonneberg, 2022.
144 Ein Kalfaktor ist eine Hilfskraft, die einfache Arbeiten verrichtet.
145 Interview Sonneberg, 2022.
146 Vgl. Archiv Fraport AG: VG 06-171: 780 Schriftverkehr Luboa.
147 Interview Sonneberg, 2022.
148 Ebd.
149 Archiv Fraport AG: Der Flughafen, 4/1959, S. 7.
150 Interview Sonneberg, 2022.
151 Ebd.
152 Ebd.
153 Ebd.
154 Ebd.
155 Ebd.
156 Ebd.
157 VAEF: Personenakte Helmut Sonneberg.
158 Interview Sonneberg, 2022.
159 Ebd.
160 Interview Klostermair, 2023.
161 Ebd.
162 Ebd.
163 Interview Sonneberg, 2016.
164 Interview Klostermair, 2023.
165 Interview Sonneberg, 2022.
166 Podcast Sonneberg, 2022.
167 Im Gespräch erinnert sich Helmut, dass das Spiel in Nürnberg 1947 stattfand. Am 11. Januar 1948 verlor die Eintracht in Nürnberg mit 0:2. Zu dem Zeitpunkt spielten aber Schieth und Heilig noch nicht bei der Eintracht. Die Namen Henig, Schieth und Heilig sprechen eher dafür, dass Helmut sich an das Spiel in Nürnberg am 22. Januar 1950 erinnert, welches 0:0 endete.

168 Interview Sonneberg, 2016.
169 Ebd.
170 Ebd.
171 Ebd.
172 Ebd.
173 Interview Sonneberg, 2022.
174 Interview Sonneberg, 2016.
175 Vgl. Matheja 2011, S. 404.
176 Interview Sonneberg, 2021.
177 Vgl. Heinrich 1994, S. 84.
178 Vgl. Blecking 2015, S. 2 sowie Heinrich 1994, S. 92.
179 Podcast Sonneberg, 2022.
180 Der neue Sport, 11. Mai 1959.
181 Podcast Sonneberg, 2022.
182 Ebd.
183 Vgl. Eintracht Frankfurt Museum 2009, S. 106.
184 Interview Sonneberg, 2016.
185 Eintracht Frankfurt Museum 2009, S. 114.
186 Vgl. Dokumentation Sonneberg, 2020.
187 Interview Sonneberg, 2016.
188 Interview Sonneberg, 2022.
189 Interview Sonneberg, 2016.
190 Interview Sonneberg, 2022.
191 Interview Schnell, 2023.
192 Interview Sonneberg, 2016.
193 Ebd.
194 Ebd.
195 Ebd.
196 Vgl. 11Freunde 10/2010, „365 Tage im Jahr“, S. 52–54.
197 Ebd., S. 52.
198 11Freunde 1/2018, „Ein Leben lang“, S. 28.
199 Interview Sonneberg, 2022.
200 Vgl. Frankfurter Allgemeine Zeitung, 13. November 2010.
201 Interview Sonneberg, 2016.
202 Eintracht Frankfurt Museum 2009, S. 68.
203 Vgl. DAL: Taufbucheinträge Dom K 97, Nr. 228/34.
204 Interview Sonneberg, 1996.
205 Interview Schnell, 2023.
206 Stiftung Polytechnische Gesellschaft Frankfurt am Main 2010, S. 98.
207 VAEF: Personenakte Lieselotte Günzler. Brief zu Helmuts 80. Geburtstag.
208 Interview Schnell, 2023.
209 Interview Sonneberg, 2021.
210 Dokumentation 2019.
211 Dokumentation 1/2022.
212 Interview Sonneberg, 2021.
213 VAEF: Personenakte Lieselotte Günzler. Sammlung Stimmen anlässlich des Todes von Lilo Günzler.
214 Frankfurter Allgemeine Zeitung, 28. Dezember 2017.
215 Ebd.
216 Frankfurter Allgemeine Zeitung, 3. Januar 2018.
217 Vgl. Bild-Zeitung, 5. Januar 2018.
218 Dokumentation 1/2022.
219 Vgl. VAEF: Personenakte Helmut Sonneberg.
220 Vgl. Thoma 2007, S. 193.
221 Interview Sonneberg, 2021.
222 Ebd.
223 Das Buch „Lindenstraße – der Fußballspieler mit dem gelben Stern“ (Dippold 2015) ist ein historischer Roman, der sich an der Biografie des Eintracht-Spielers Julius Lehmann orientiert. „Fußball unterm gelben Stern“ berichtet über die Fußballliga, die in Theresienstadt von den Häftlingen organisiert wurde.
224 Ein Kolumbarium dient der Aufbewahrung von Urnen bzw. Särgen. In Theresienstadt wurden im Kolumbarium mehr als 22.000 papierne Aschebeutel aufbewahrt, die vor Kriegsende in die Eger geschüttet wurden.
225 Interview Sonneberg, 2021.

226 Vgl. Benz 2013, S. 22 ff.
227 VAEF: Personenakte Stefan Minden. Rede Stefan Minden bei der Einweihung der Gedenktafel im Kolumbarium.
228 Dokumentation 2019.
229 Frankfurter Rundschau, 25. Januar 2020.
230 Pressemitteilung Eintracht Frankfurt, 26. Januar 2023.
231 Interview Sonneberg, 2021.
232 Ebd.
233 Ebd.
234 Dokumentation 2019.
235 Interview Sonneberg, 2021.
236 Vgl. Dokumentation 2/2022.
237 Frankfurter Rundschau, 14. Mai 2022.
238 Talkshow Sonneberg, 2022.
239 Ebd.
240 Ebd.
241 Ebd.
242 Interview Sonneberg, 2022.
243 VAEF: Personenakte Helmut Sonneberg. Pressemitteilung zum Tod.
244 Ebd. Manuskript der Trauerrede von Leonie.
245 Dokumentation 2019.
246 Interview Sonneberg, 2021.
247 Vgl. VAEF: Personenakte Helmut Sonneberg. Manuskript der Trauerrede von Peter Fischer.

Quellen

Zeitungen und Zeitschriften:

- Amtsblatt des Reichsministeriums für Wissenschaft, Erziehung und Volksbildung und der Unterrichtsverwaltungen der Länder, Band 4 (1938).
- Bild-Zeitung, 5. Januar 2018.
- Der neue Sport, 11. Mai 1959.
- Der Spiegel, 42/1983.
- Frankfurter Allgemeine Zeitung, 13. November 2010.
- Frankfurter Allgemeine Zeitung, 28. Dezember 2017.
- Frankfurter Allgemeine Zeitung, 3. Januar 2018.
- Frankfurter Neue Presse, 31. Oktober 1952.
- Frankfurter Rundschau, 25. Januar 2020.
- Frankfurter Rundschau, 14. Mai 2022.
- 11Freunde 10/2010
- 11Freunde 1/2018

Unveröffentlichte Quellen:

- Archiv Fraport AG:
  VG06-171: 780 Schriftverkehr Luboa.
  Zeitschrift: Der Flughafen, Jahrgang 1959, Ausgabe 4.
- Diözesanarchiv Limburg (DAL):
  Taufbucheinträge Frankfurt, Dom K 97, Nr. 228/34.
- Hessisches Hauptstaatsarchiv Wiesbaden (HHStA):
  Helmut Sonneberg, Entschädigungsakte Abt. 518 Nr. 65201.
  Recha Wessinger, Entschädigungsakte Abt. 518 Nr. 9037.
- Institut für Stadtgeschichte (ISG):
  Adressbücher der Stadt Frankfurt 1930-1941.
- Standesamt Mitte Frankfurt (SMF):
  Geburtsurkunde Helmut Sonneberg.

- Vereinsarchiv Eintracht Frankfurt (VAEF):
  Eintracht-Hefte 1950-1967.
  Personenakte Lieselotte Günzler.
  Personenakte Stefan Minden.
  Personenakte Helmut Sonneberg.
  Pressemitteilung Eintracht Frankfurt, 26. Januar 2023.
  Protokolle der Vorstandssitzung am 14. Oktober 1946.
  50 Eintrachtler. Lebensläufe jüdischer Vereinsmitglieder.

Bücher:

- Adler, Hans Günther: Theresienstadt 1941-1945 – Das Antlitz einer Zwangsgemeinschaft. Göttingen: Wallstein Verlag, 2005.
- Bauer, Thomas: Frankfurter Waldstadion, 75 Jahre Sportgeschichte, 1925-2000. Frankfurt: Nest Verlag, 2000.
- Benz, Wolfgang: Theresienstadt – Eine Geschichte von Täuschung und Vernichtung. München: Verlag C.H. Beck, 2013.
- Dippold, Peter: Frankfurt Lindenstraße – Der Fußballspieler mit dem gelben Stern. Butzbach: FUB Verlag Peter Dippold, 2015.
- Gruner, Wolf: Öffentliche Wohlfahrt und Judenverfolgung. Wechselwirkung lokaler und zentraler Politik im NS-Staat (1933-1942). München: Oldenbourg Verlag, 2002.
- Günzler, Lilo: Endlich reden. Frankfurt: Henrich Editionen, 2009.
- Heinrich, Arthur: Tooor! Toor! Tor! Vierzig Jahre 3:2. Nördlingen: Rotbuch Verlag, 1994.
- Hilberg, Raul: Die Vernichtung der europäischen Juden, Band 1-3. Frankfurt: Fischer Verlag, 1990.
- Kingreen, Monika (Hrsg.): „Nach der Kristallnacht" – Jüdisches Leben und antijüdische Politik in Frankfurt am Main 1938-1945. Frankfurt/New York: Campus Verlag, 1999.
- Kommission zur Erforschung der Geschichte der Frankfurter Juden (Hrsg.): Dokumente zur Geschichte der Frankfurter Juden 1933-1945. Frankfurt: Verlag Waldemar Kramer, 1963.
- Dies.: Das Philanthropin zu Frankfurt am Main, Dokumente und Erinnerungen. Frankfurt: Verlag Waldemar Kramer, 1964.
- Kramer, Waldemar: Frankfurt Chronik. Frankfurt: Verlag Waldemar Kramer, 1964.
- Leunig, Manfred: Die „Ruggers" der Eintracht – Front und Frankfurt im Spiegel der Feldpost 1939-1946. Norderstedt: Books on Demand, 2007.
- Mahnkopp, Volker: Dokumentation zu vom NS-Staat verfolgten Personen im Frankfurter Kinderhaus der Weiblichen Fürsorge e. V. Frankfurt: o. V., 2020.
- Matheja, Ulrich: Eintracht Frankfurt – Schlappekicker und Himmelsstürmer. Göttingen: Verlag Die Werkstatt, 2003.
- Ders.: Unsere Eintracht – Die Chronik. Göttingen: Verlag Die Werkstatt, 2011.
- Schilling, Rudolf: Die jüdische Gemeinde Somborn im Freigericht. Freigericht: Verlag Frohberg, 2002.
- Schmid, Armin: Frankfurt im Feuersturm. Die Geschichte der Stadt im Zweiten Weltkrieg. Frankfurt: Societäts-Verlag, 1984.
- Steiner, Frantisek: Fußball unterm gelben Stern – Die Liga im Ghetto Theresienstadt 1943-44. Paderborn: Verlag Ferdinand Schöningh, 2017.
- Thoma, Matthias: „Wir waren die Juddebube" – Eintracht Frankfurt in der NS-Zeit. Göttingen: Verlag Die Werkstatt, 2007.

Kataloge/Begleitbücher:

- Eintracht Frankfurt Museum (Hrsg.): 59 Meister – Ein Triumph und seine Geschichte. Frankfurt: o. V., 2009.
- Fleitner, Michael (Hrsg.): Heimatfront – Frankfurt am Main im Luftkrieg. Frankfurt: Societäts-Verlag, 2013.

- Historisches Museum Frankfurt (Hrsg.): Eine Stadt macht mit – Frankfurt und der NS. Frankfurt: Michael Imhof Verlag, 2021.
- Institut Theresienstädter Initiative: Theresienstädter Gedenkbuch. Berlin: Metropol Verlag, 2000.
- Jüdisches Museum (Hrsg.): Ostend – Blick in ein jüdisches Viertel. Frankfurt: Societäts-Verlag, 2000.
- Dass.: Und keiner hat für uns Kaddisch gesagt ... Deportationen aus Frankfurt am Main 1941 bis 1945. Frankfurt: Stroemfeld Verlag, 2005.
- Stiftung Polytechnische Gesellschaft Frankfurt am Main (Hrsg.): Bürger, die Geschichte schreiben. Das Projekt „Stadtteilhistoriker". Frankfurt: o.V., 2010.

Buchbeiträge:

- Becht, Lutz: „Die Wohlfahrtseinrichtungen sind aufgelöst worden ..." Vom „städtischen Beauftragten bei der Jüdischen Wohlfahrtspflege" zum „Beauftragten der Geheimen Staatspolizei ..." 1938 bis 1943. In: Kingreen, Monika (Hrsg.): Nach der Kristallnacht – Jüdisches Leben und antijüdische Politik in Frankfurt am Main 1938-1945. Frankfurt/New York: Campus Verlag, 1999, S. 211-236.
- Daub, Ute: Die Stadt Frankfurt macht sich „judenfrei". Zur Konzentrierung, Verbannung und Ghettoisierung der jüdischen Bevölkerung zwischen 1938 und 1943. In: Kingreen, Monika (Hrsg.): a. a. O., S. 319-355.
- Goldschmidt, Kurt: Das Ende. In: Kommission zur Erforschung der Geschichte der Frankfurter Juden (Hrsg.): Das Philanthropin zu Frankfurt am Main, Dokumente und Erinnerungen. Frankfurt: Verlag Waldemar Kramer, 1964, S. 109-113.
- Kugelmann, Cilly: Befreiung – und dann? Zur Situation der Juden in Frankfurt am Main im Jahr 1945. In: Kingreen, Monika (Hrsg.): a. a. O., S. 435-456.

Onlinequellen:

- Arolsen Archives: https://collections.arolsen-archives.org/.
- Blecking, Diethelm: Die Rede des Fußball-Bund Präsidenten Peco Bauwens am 6. Juli 1954 im Münchner Löwenbräukeller. Historical Social Research, Transition (Online Supplement), 27, 1-10. https://doi.org/10.12759/hsr.trans.27.v01.2015.
- Deportationslisten: https://www.statistik-des-holocaust.de/list_ger_swd_43t.html.
- Deutsche Verlustlisten des Ersten Weltkriegs: https://www.ancestry.de/search/collections/2124/.
- Evakuierungstransporte: https://www.holocaust.cz/de/geschichte/ghetto-theresienstadt/die-letzten-transporte-und-das-kriegsende-in-theresienstadt/.
- Glimmerabbau: https://www.ghetto-theresienstadt.de/pages/g/glimmer.htm.
- Heckerlied: https://de.wikipedia.org/wiki/Heckerlied.
- Informationssystem der Gesundheitsberichterstattung des Bundes: www.gbe-bund.de.

Dokumentationen/Filme/Interviews:

- Dokumentation: „Frankfurt. Theresienstadt. Eine Spurensuche". Teil 1&2. Tatjana Wieczorek, 2019. Dokumentation 2019.
- Dokumentation: „Helmut ‚Sonny' Sonneberg über sein Leben, die Tage des Krieges und seine Liebe zum Verein". Ralf Holl, Jürgen Vieth, 2020. Dokumentation Sonneberg, 2020.
- Dokumentation: „Dem Verein verzeiht man, dem Land nicht. Jüdische Fußballfans in Frankfurt". Jonas Kreutzer, Natalija Köppl, Julian Feider, Simon Bloemers, 2022. Dokumentation 1/2022.
- Dokumentation: „Sonny – Eine Geschichte über den Holocaust, Eintracht und Frankfurt", Ron Ulrich, 2022. Dokumentation 2/2022.

- Interview: Lieselotte Günzler, Shoah Foundation Visual History Archive, 8. November 1996, Dorothea Schuler.
  Interview Günzler, 1996.
- Interview: Anita Klostermair, Eintracht Frankfurt Museum, 16. Juni 2023, Matthias Thoma.
  Interview Klostermair, 2023.
- Interview: Suzanne Schnell, Eintracht Frankfurt Museum, 16. Juni 2023, Matthias Thoma.
  Interview Schnell, 2023.
- Interview: Helmut Sonneberg, Shoah Foundation Visual History Archive, 11. Dezember 1996, Dorothea Schuler.
  Interview Sonneberg, 1996.
- Interview: Helmut Sonneberg, Eintracht Frankfurt Museum, Christian Hahn, 28. November 2016.
  Interview Sonneberg, 2016.
- Interview: Helmut Sonneberg, Junges Museum Frankfurt, Freya Kunek, 18. September 2020.
  Interview Sonneberg, 2020.
- Interview: Helmut Sonneberg, Heinrich-von-Gagern-Gymnasium, Dr. Marc Fachinger, 1. Dezember 2021.
  Interview Sonneberg, 2021.
- Interview: Helmut Sonneberg, Eintracht Frankfurt Museum, Matthias Thoma, 5. Oktober 2022.
  Interview Sonneberg, 2022.
- Interview: Helmut Sonneberg, Podcast „Eintracht vom Main“, Matthias Thoma, 28. Oktober 2022.
  Podcast Sonneberg, 2022.
- Interview: Helmut Sonneberg, Talkshow „Markus Lanz“, Markus Lanz, 5. Oktober 2022.
  Talkshow Sonneberg, 2022.

Filmtipps:

Eintracht auf Spurensuche in Theresienstadt – Teil 1, 2019.

Sonny – Eine Geschichte über den Holocaust und Eintracht Frankfurt, 2022.

Eintracht auf Spurensuche in Theresienstadt – Teil 2, 2019.

„Bleibt wachsam“ – Eintracht Frankfurt verabschiedet sich von Helmut Sonneberg, 2023.